ANTOLOGÍA TRADUCIDA

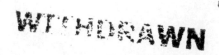

MAX AUB

ANTOLOGÍA TRADUCIDA

Edición de Pasqual Mas i Usó

VISOR LIBROS

VOLUMEN DXXXVIII DE LA COLECCIÓN VISOR DE POESÍA

Esta edición se ha hecho con la ayuda de la Dirección General del Libro, Archivos y Bibliotecas del Ministerio de Educación, Cultura y Deportes.

© Introducción y edición: Pasqual Mas i Usó

Cubierta: Jusep Torres Campalans, «Cabeza de Juan Gris», detalle, 1912

© Herederos de Max Aub

© VISOR LIBROS
Isaac Peral, 18 - 28015 Madrid
www.visor-libros.com

ISBN: 84-7522-538-1
Depósito Legal: M. 40.562-2004

Impreso en España - *Printed in Spain*
Gráficas Muriel. C/ Buhigas, s/n. Getafe (Madrid)

INTRODUCCIÓN[1]

APUNTES BIOGRÁFICOS

---

[1] La presente introducción es parte del Estudio Introductorio que realicé para la edición de *Antología Traducida* editada en 1998 por la Fundación Max Aub de Segorbe.

Max Aub[2] nació en París en 1903, hijo de Federico Guillermo Aub Marx, representante comercial, y de Susana

---

[2] Hasta el momento la biografía más completa de Max Aub es la de Ignacio Soldevila (*El compromiso de la imaginación. Vida y obra de Max Aub.* Segorbe, Fundación Max Aub, 1999) y Rafael Prats Rivelles (*Max Aub.* Madrid, Epesa, 1978), escrita entre 1970 y 1972 y con algunos errores. Además hay que reseñar los intentos de Eugenio G. de Nora (*La novela española contemporánea,* tomo II, 2, Madrid, Gredos, 1962; págs. 65-77), Ignacio Soldevila («El español Max Aub», *Ínsula,* 160, Madrid, 1960; págs. 11-15 -texto censurado-; «El español Max Aub», *La Torre,* 33, Río Piedras, Puerto Rico, enero-marzo, 1961; págs. 103-120; *La obra narrativa de Max Aub.* Madrid, Gredos, 1973; «Bibliografía y crítica maxaubiana», *Ínsula,* 569, Madrid, mayo, 1994; págs. 5-7; 1974), Francisco A. Longoria (*El arte narrativo de Max Aub,* Madrid, 1977; págs. 11-13) y Miguel A. González Sanchis («La creatividad de Max Aub», *Villa de Altura,* 3; Altura, verano de 1992a; págs. 55-56 y «Max Aub: biobibliografía», en Max Aub, *San Juan,* Madrid, Anthropos, 1992b; págs. 107-121). También hay que tener en cuenta la *Autobiografía* (*ABMA*: sin sig., 5 folios) que escribió el propio Max Aub en 1953 (según la fechación de Dolores Fernández Martínez (*La imagen literaria del artista de vanguardia en el siglo XX: Jusep Torres Campalans.* Tesis Doctoral. Universidad Autónoma de Madrid, 1993; *pág.* 151, nota 88), y que fue publicada parcialmente como «Elio Vittorini», *Revista de Bellas Artes,* 8, México, marzo-abril, 1966; págs. 75-76; «Erwin Piscator», *Revista de Bellas Artes,* 9, mayo-junio, 1966; *pág.* 97; recopilada en «Algunos muertos recientes», *Papeles de Son Armadans,* XLII, nº CXXV, Madrid-Palma de Mallorca, agosto, 1966; *págs.* 193-202; y que no pudo ser publicada en su totalidad por Ignacio Soldevila en su Tesis de Licenciatura por problemas políticos y hubo de

Mohrehwitz[3]. Su padre, lejos de seguir la tradición familiar y vincularse al estudio de las leyes, prefirió la venta de bisutería y viajó mucho por Europa. El joven Max, residente en París, estudia en el Collège Rollin de la avenida Trudaine, aunque en familia hablaba alemán, y al evocar su infancia siempre recuerda haber estado rodeado de libros y haber empezado a leer en *Los Miserables* de Víctor Hugo. En sus primeros poemas la seducción por los libros ya está patente:

> Mis queridos libros,
> —grandes y pequeños—
> vosotros que nada me negáis[4]

---

ser limitada a fechas anteriores a la Guerra Incivil Española de 1936. Finalmente la *Autobiografía* ha sido publicada en la Tesis Doctoral mencionada de Dolores Fernández Martínez (*págs.* 49-53). Asimismo, existe un apunte biográfico bastante completo en el *Diccionario de Literatura Española e Hispanoamericana*, Madrid, Alianza, 1993, y apuntes biográficos comentados en el libro de Andrés Trapiello *Las armas y las letras, Literatura y Guerra Civil (1936-1939)*, Madrid, Planeta, 1993, págs. 295-300. Otro acercamiento completo a su obra lo constituye el libro que contiene las *Actas del Congreso Internacional Max Aub y el laberinto español. Celebrado en Valencia y Segorbe del 13 al 17 de diciembre de 1993.* València, Ayuntamiento, 1996; aparte de la exposición *Max Aub íntimo*, organizada por la Diputació de València en el Centre de la Beneficència (del 22 de abril al 1 de junio de 1997) y del Curso *Max Aub 25 años después*, dirigido por Ignacio Soldevila en la Universidad Complutense de Madrid, del 18 al 22 de agosto de 1997.

[3] En la exposición *Max Aub*, F C S, julio de 1992 figuraba el «Extrait des Minuites des Actes de NAISSANCE» de 1903, reproducido por Dolores Fernández Martínez, *op. cit., pág.* 51:

> Les deux juin mil neuf cent trois, a midi, est nè, 3 cité trèvise, Max, du sexe masculin, de Frèdèric Guillaume Aub, vingt-cinq ans, négociant, et de Suzanne Mohrehwitz, vingt-deux ans, sans profession, mariés, domiciliés comme dessus. Dressé le quatre juin courant, par Nous, Jean Frédèric Roux Ajoint a su Mane du IX. Arrondissement de París <sic.>.

[4] *Los poemas cotidianos*, Barcelona, Imprenta Omega, 1925; págs. 71-72. Más adelante, en otro poema (*pág.* 74) habla de una «nutrida biblioteca» y de «mis queridos libros / tan bien ordenados...» (*pág.* 97).

Sus primeros viajes fueron a Berlín, München y Nuremberg para ver a su familia y a Montcornet, un pueblecito del Oise en donde veraneaba con sus padres. Con el estallido de la Primera Guerra Mundial, que pilló a su padre en Cádiz, la familia Aub, durante la batalla del Marne, sale de París y fija su residencia en Valencia, y al año siguiente ya ha escrito su primer poema en castellano. Como el propio Max Aub afirmaba, nunca pudo escribir nada en otra lengua[5]. En 1916 su padre solicita la nacionalidad española y renuncia a la alemana, y es en este ambiente ya más relajado en el que cursa sus estudios en la Alianza Francesa, en la única escuela laica de la capital valenciana: la Escuela Moderna y en el Instituto de Valencia. Sus amigos de entonces fueron, entre otros, la familia Gaos, Juan Gil-Albert, Juan Chabás, Leopoldo Querol, Genaro Lahuerta[6] y Pedro de Valencia. Prueba de su vinculación a esta época y al ambiente valenciano fue un comentario suyo que siempre repetía al preguntarle de dónde era: «se es de donde se hace el bachillerato»[7].

Max Aub comienza a trabajar como representante y viaja por toda España, lo que le facilita algunos contactos que haría servir más tarde. Como él mismo señala en la *Autobiografía* citada:

Al acabar el bachillerato (poemas en prosa, esbozo de algunos dramas) puesto a escoger la universidad (Historia) y el trabajo paterno me decidí por lo último. Durante cuatro años (del 20 al 24) viajé por Levante, Aragón y Cataluña

[5] Citado por Miguel A. González Sanchis en Max Aub, *San Juan*, (1992b, *pág.* 109).

[6] Genaro Lahuerta diseñó las letras de su segundo libro de poemas, titulado *A* (Valencia, Tipografía Moderna, 1933).

[7] Miguel-A. González, 1992b, *pág.* 110.

vendiendo toda clase de artículos; de Figueres a Almería, recorrí todas las ciudades y pueblos de alguna importancia[8].

En Gerona conoció a Jules Romain, seudónimo del filósofo Louis Farigoul, y con una tarjeta suya se presentó a Enrique Díez-Canedo, gracias al cual se leyeron versos suyos en el Ateneo madrileño y conoció diversos intelectuales:

> Allí conocí a los escritores de mi generación y publiqué unos versos en el último número de *España*. *España* está a la base de mi formación, y de mi información entonces perfectamente al día gracias al propio Canedo —letras— a Salazar —música—, a Juan de la Encina —pintura—, y sin duda mis ideas políticas fueron formadas por Ortega y el Araquistáin de entonces. Por otra parte, la *Colección Universal*, de Calpe, Gaos me hizo leer a Taine (los filósofos del XIX), descubrimos a Ramón; Jammes tuvo entonces influencia sobre mí; no perdí, desde 1918 un número de la N.R.F. Pero nuestro entusiasmo por Baroja. (Unamuno también ha influido bastante en mí, y Quevedo —pero ese es otro cantar—)[9].

En 1925 publica su primer libro, *Los poemas cotidianos*, con un prólogo de Enrique Díez-Canedo, al que había conocido un año antes en Madrid en un viaje que se costeó con el premio de un billete de lotería. Y con el libro recién salido, se casa al año siguiente con Perpetua Barjau —Peua—.

---

[8] *ABMA*: sin sig., fol. 2.

[9] En esta cita, a parte de la revista *España. Semanario de la vida nacional* (fundada por José Ortega y Gasset y dirigida por Manuel Azaña y Luis Araquistáin) se nombran diversos intelectuales que influyeron en

De 1929 a 1939 se reafirma su compromiso humano y político, según señala Miguel-A. González Sanchis[10], y amplía el círculo de amistades a personalidades tan destacadas como Gerardo Diego, Antonio Machado, Jorge Guillén, Ramón Gaya o Dámaso Alonso. Su adscripción al bando republicano durante la Guerra Civil le llevó al exilio en enero de 1939 y a partir de este momento, delatado en 1940 como comunista, ingresó en los campos de concentración de Marsella, Rolland Garros, Vernet, Niza, Vernet y Djelfa. Este último destino marcó su trayectoria literaria, pues el viaje en barco le inspiró para escribir *San*

Max Aub: Enrique Díez-Canedo, escritor y poeta de gran influencia en la vida cultural de entonces; Esteban Salazar Chapela, periodista y novelista; Juan de la Encina, seudónimo de Ricardo Gutiérrez Abascal, historiador y crítico de arte, director del Museo de Arte Moderno que acabó como profesor de Historia del Arte en México; José Ortega y Gasset, sin duda el filósofo español de más relieve en este siglo, autor de *La deshumanización del* arte y de *La rebelión de las masas* (Max Aub comenzó como orteguista y, junto con Juan Goytisolo y otros, se convirtió en uno de sus principales críticos); Luis Araquistáin, periodista de gran influencia en la II República Española, subsecreatrio de Largo Caballero, embajador en París con Max Aub como agregado cultural y organizador del Pabellón Español en la Exposición Universal de París para cuyo evento encargaron el *Guernica* a Picasso; Hippolyte-Adolphe Taine, periodista y ensayista autor de *La philosophie de l'art*; Ramón Gómez de la Serna, fundador de la tertulia del Pombo en 1915 inventor de las greguerías: suerte combinatoria de metáfora y humor; Francis Jammes, poeta y narrador francés de tono lírico y melancólico que, según señala Dolores Fernández Martínez (*Op. cit., pág.* 57) pudo influir en *Fábula verde*; Pío Baroja, el narrador de la Generación del 98 y Miguel de Unamuno, cuya influencia se hará notar en *Antología Traducida* (poema «Ciego» de Ramón de Perpiñá). En *Poesía Española Contemporánea* (México, Era, 1969; *pág.* 119), se ratificará sobre alguno de estos aspectos generacionales.
[10] *Id., pág.* 111.

Juan y en el campo argelino escribió su poemario *Diario de Djelfa.*

El próximo destino de Max Aub es México, en donde se estableció desde 1942 con la ayuda de Enrique Díez-Canedo, que muere dos años después, y de Alfonso Reyes, que le ayudó a naturalizarse en 1955. Desde su llegada a México trabaja en el mundo del cine como autor, traductor o director en más de cincuenta guiones cinematográficos, al tiempo que explica Teoría y Técnica Cinematográfica, colabora en el *Nacional* y el *Excelsior.*

En 1946 se reúne con su familia en Cuba y posteriormente regresa a México a la que será su casa de siempre en Euclides, 5 de Distrito Federal.

Tras su naturalización, viaja por Europa de 1956 a 1958 y a su regreso a México continúa ligado al cine y a la Universidad, en la que dirige la estación de radio de 1960 a 1966, año en el que, en solidaridad con el rector, dimite a causa de las revueltas estudiantiles. Una de las escalas europeas fue el Instituto Alemán en el que dio una conferencia sobre un poeta que le marcó mucho en su producción literaria: Heine. En 1958 realiza un segundo viaje a Europa y a partir de entonces los viajes se suceden con asiduidad para participar en diversos congresos y como componente de diversos jurados internacionales, hasta que en la sexta ocasión funda la revista *Los sesenta,* de la que se editaron cuatro números, en la que sólo colaboraron autores que habían cumplido los sesenta años: Rafael Alberti, Dámaso Alonso, Jorge Guillén y él mismo.

En 1966 viaja a Israel enviado por la UNESCO para dar un curso en la Universidad Hebrea y fruto de este viaje es el poemario *Imposible Sinaí,* escrito siguiendo el procedimiento que ya había empleado para componer *Antología Traducida*: invención de poetas y de poemas cuyos textos se presentan a modo de antología trasladada de otro idioma. Un año más tarde, tras su estancia en el Congreso de Intelectuales de La Habana, tiene ocasión de regresar a España, en donde recupera parte de su biblioteca incautada y depositada en la Universitat de València. De este viaje surgirá *La gallina ciega,* diario que mezcla la realidad con episodios ficticios con grandes visos de verosimilitud. Hasta mayo de 1972 no volverá a España y, a su regreso a México, muere el 22 de julio.

UNA GENERACIÓN A LA DERIVA

La generación de Max Aub, que es la única manera de referirnos a ella sin miedo a equivocarnos, no siempre ha sido fácilmente delimitable. Al parecer, sólo Max Aub veía diáfano lo que los críticos no han sabido comprender con claridad. Antonio Fernández Molina, en el prefacio a *La uña,* comenta al respecto:

> Tras la generación del 98 y la que vino después, centrada en la figura de Ramón Gómez de la Serna, surge la del 27 y Max Aub es, en principio, uno más de sus miembros.[11]

Y el propio Max Aub, refiriéndose a la Generación del 27 expresa su convicción de que esa y no otra es su generación:

---

[11] Barcelona, Picazo, 1972; *pág.* 11.

Cuando se trata de esta generación no tengo dudas, porque es la mía. Años más o menos —cinco arriba, cinco abajo—, ahí vamos[12].

No obstante, el mismo Antonio Fernández Molina se ve obligado a precisar.

Pero su obra aúna principalmente los rasgos de las tres generaciones como en una síntesis de nuestra herencia cultural y de las suscitaciones literarias, artísticas y humanas de nuestros días, en los que ha sido un testigo bastante excepcional[13].

Lo que ocurre es que la Generación del 27 ha tenido siempre un carácter receptivo en el que no se excluye nada y absorbe todo aquello que emana de la tradición simbolista. Y visto así, Max Aub se inscribe en la nómina de la Generación de 27, pero, como señala Arcadio López-Casanova,

... esa identificación generacional manifestada por Max Aub no parece ir más allá de muy concretos signos admirativos —hacia Lorca, sobre todo («era un genio en su acepción mitológica», dirá él), o —acaso también— de sentirse partícipe de algunos elementos formativos propios del grupo[14].

---

[12] *Poesía Española Contemporánea, op. cit., pág.* 119.
[13] Antonio Fernández Molina, *op. cit., pág.* 11.
[14] «Creación Poética y poética de ruptura. (Un acercamiento a la obra lírica de Max Aub)», *Actas, pág.* 628.

Y estos principios formativos son los que Max Aub exponía en su *Autobiografía*[15] y los que él mismo confirma en *La poesía española contemporánea*:

> Y que no se preocupen de nuestras lecturas: nos hicimos leyendo *España*. Nuestros maestros fueron, en música Adolfo Salazar, en Literatura Enrique Díez-Canedo, en pintura «Juan de la Encina». Los artículos de los tres, que nos hablaban de lo reciente sucedido en el mundo, los artículos políticos de Ortega y de Araquistáin, nos empujaron a todos —tarde o temprano— hacia la tertulia del café «Regina», antes de que se segregara —y entonces ya había muerto *España* y nacía la *Revista de Occidente*—. Baroja, «Azorín», Miró, Ramón Pérez de Ayala y, sobre todos, Juan Ramón… La diferencia de Ortega todavía no se dejaba sentir fuera del círculo de sus amigos o de sus alumnos directos, a pesar de haber sido el primer director de *España*. Tendría que fundarse *El Sol*. La influencia de la Institución Libre de Enseñanza y de su hija la Residencia de Estudiantes va a continuar siendo primordial. Allí viven Moreno Villa y Federico, como luego Buñuel y Dalí. Casi lo único que cuenta en España, desde hace ochenta años, es hijo de la Institución. El que lo olvide no puede comprender la tragedia de España[16].

En *Luis Álvarez Petreña* —alterego de Max Aub, pero seis años mayor pues aún no cumplía 35 cuando se vieron por última vez en Valencia—, se continúa con esa fluctuación de

---

[15] *Op. cit.* en nota 1.
[16] *Op. cit., pág.* 119. Juan de la Encina es el seudónimo de Ricardo Gutiérrez Abascal.

«cinco arriba cinco abajo» y parece inscribirse en la Generación de 1914[17]:

> Nuestra generación fue segada —partida por el eje— por la guerra y sus consecuencias (por la victoria del cubismo, por el sobrerrealismo: pasiones geométricas, es decir, por cosas que de antemano podía uno descifrar si era lo suficientemente listo)[18].

Será Max Aub quien se encargue en una entrevista de 1967 con María Embeita de zanjar la cuestión:

> En esta entrevista (…) quisiera dejar más claro el problema de las generaciones, por lo menos de la mía. Los que han escrito libros sobre la novelística española en el exilio, Alborg, Pérez Minik, De Nora, Marra-López, suelen agruparnos a Barea, a Sender y a mí. Es una equivocación. Aunque Barea era algo mayor que nosotros y Sender tiene un año más que yo, pertenecemos a grupos distintos… (…) Barea es un epígono del noventa y ocho; Sender también lo es, pero metido en la generación del veintisiete (…) creo que mi obra tiene poco que ver con

---

[17] Esta oscilación temporal hace pensar a María Dolores Fernández (*Op. cit.*, *pág.* 66) que Luis Álvarez Petreña se identifica más con la Generación del 98 y *Jusep Torres Campalans* que con la Generación del 27, la del autor; sin embargo, la autora deja claro que «parece descabellado confundir a Max Aub con la generación de 1914» (*Id.*, *pág.* 69). Sobre la definición de Generación de 1914 *vid.* Lorenzo Luzuriaga «Ortega y Gasset y sus obras completas», en *Realidad*, Buenos Aires, enero-febrero de 1946, *págs.* 132-133; y Juan Marichal, «La Generación de los intelectuales y la política (1909-1914)», *La crisis de fin de siglo: ideología y Literatura*, Barcelona, 1974, *pág.* 41.

[18] *Luis Álvarez Petreña,* México, Joaquín Mortiz, 1965, *pág.* 67.

la de ellos. Me encuentro mucho más ligado a la de Paco Ayala o a la de Segundo Serrano Poncela (…) me eduqué literariamente en el ambiente, digamos, de la *Revista de Occidente* (…) Lo mismo Ayala que yo escribíamos entonces textos puramente literarios. Tuvo que venir la guerra para que nos interesáramos literariamente en la política. Desde entonces nuestra obra, sobre todo la mía, está mucho más atada a la actualidad. (…) Las generaciones no tienen importancia más que en lo inmediato. Desde el punto de vista literario son una clasificación cómoda para el crítico, que incluye en una generación a gentes completamente dispares desde todos los puntos de vista. Sobran ejemplos. Yo mismo me parezco más a un escritor del XVIII o XIX; me siento más cerca de un poeta del siglo V antes de Cristo, que de fray Augusto de la Inmaculada, que nació en mil novecientos veintidós, como es muy sabido (…) Los de mi generación, dejando aparte a los poetas, valemos muy poco. (…) hay una profusión de escritores de segundo orden en mi generación que ya están completamente olvidados[19].

No deja de ser curioso el apunte que conecta a Max Aub con escritores de otras épocas; es evidente que tras este planteamiento late el magma que alimenta *Antología Traducida*. Por otro lado, al final de su vida, cuando preparaba su libro sobre Luis Buñuel, sigue precisando su pertenencia a la Generación del 27.

Lo importante no es saber a qué generación pertenecemos: evidentemente, a la de los nacidos antes o después

---

[19] «Max Aub y su generación», *Ínsula*, nº 253, diciembre de 1967, *pág.* 1 y 12.

de 1903, digamos de 1898 —Guillén— a 1910 —Hernández—, más o menos. Ahora bien, como diría Ortega, una generación se distingue por las convicciones comunes. ¿Qué tuvieron que ver las mías o las de Luis con las de García Lorca o Cernuda, las de Masip con las de Quiroga Pla, las de Ayala con las de Gaos, con las de Larrea? Poco. Es posible que a los veinticinco años los amigos de juventud —Gaos, Medina, Chabás— tuviéramos unas ideas socializantes y humanitarias bastante próximas, pero hoy día me siento mucho más cerca de algunos jóvenes que de muchas personas de mi edad, sobre todo si son españolas. El concepto de generación debe ser exacto en una generación de masas —pero ¿la hay?—; lo más curioso es que la defendiera Ortega, enemigo de este tipo de sociedad. Existe una generación de 98, y existe también la del 27, pero esto no quiere decir en manera alguna que Baroja tuviera que ver con Unamuno, ni Azorín con Valle-Inclán (…) ni en la mía, Dámaso Alonso con Alberti, Federico con Prados, Altolaguirre con Domenchina. Ni siquiera tenemos un denominador común. Tal vez mi generación estuvo más plagada de maricas por el relajamiento —¡ya era hora!— de las costumbres. Que todos viviéramos las dos guerras mundiales y la civil española no fue razón de agruparnos, sino de separarnos más[20].

Ignacio Soldevila Durante fija la fecha generacional de Max Aub entre 1925 y 1930[21] y traza los rasgos generacionales de este período con la siguiente cadena conceptual:

---

[20] *Conversaciones con Buñuel. Seguidas de 45 entrevistas con familiares, amigos y colaboradores del cineasta aragonés.* Madrid, Aguilar, 1985, *pág.* 22. Citado por María Dolores Fernández, *op. cit.,* págs. 77-78.
[21] *Op. cit., pág.* 22.

Intelectualismo, autosuficiencia, búsqueda de la estabilidad social —lo que ellos decían colocarse— asepsia política más aparente que real, irresponsabilidad, facilidad deportiva, ambición de originalidad a cualquier precio, metaforismo, miedo a parecer pedante o cursi, horror al triunfo popular, gusto por los clásicos barrocos, filiación poética modernista[22].

Más tarde, la generación de Max Aub abandonará las corrientes vanguardistas y, durante la guerra, las necesidades políticas tomarán mayor relevancia. Ya en el exilio, con la generación disuelta, cabrá hablar de individualidades más que de grupos. Ignacio Soldevila Durante, tomando como referencia la guerra civil hablaba en 1960 de dos etapas en Max Aub, pero años más tarde precisó que esta división no era tan patente, pues el aislamiento humano y la incomunicación siempre estuvieron presentes en la obra aubiana[23].

Y por ello concluye María Dolores Fernández:

Así, nos encontramos con que si bien los orígenes literarios de Max Aub son orteguistas, posteriormente serán socializantes, hasta llegar al acontecimiento generacional por excelencia, la guerra Civil. Ya no será la dictadura de Primo de Rivera sino un golpe mayúsculo que precisamente no une sino en la disensión. (...) este

---

[22] *Id.*, págs. 33-34. La síntesis de Ignacio Soldevila Durante se basa en *Luis Álvarez Petreña* (*op. cit., págs.* 13, 15, 17, 18-19, 22, 55, 64-67, 68, 70-71, 76 y 78).

[23] 1960: pág. 11; 1968: «El realismo trascendente y otras observaciones acerca de la narrativa. A propósito de Max Aub», *Papeles de Son Armadans*, 150, Palma de Mallorca, septiembre de 1968, *pág.* 198.

hecho y la temática que aborda Max Aub después de la Guerra Civil le une a escritores de la generación siguiente, llamada de 1936, acogiéndonos al argumento del exilio para agruparlos, pues tanto Aub como Ayala estarían más cerca de la generación del 36 (…) que con los compañeros de promoción que quedaron en España. De todos modos, en Aub persistirá la interiorización progresiva del estilo dentro de su obra, motivada por lo social y lo histórico, y este rasgo será el contrapunto característico de su obra[24].

Un escritor de la Generación del 27 al que la Guerra le obligó a redefinirse como escritor. Por ello, en *Enero en Cuba*, Max Aub lanza una idea generacional teñida por la guerra y el exilio:

> Vine a dar en que lo mejor, para no mentir a nadie, sería hablar de la guerra de España que es la que, al fin y al cabo, más clavó en el lugar en que estamos. [El exilio.] Ahora sí, hablo sin duda de mi generación en todos los sentidos de la palabra[25].

POÉTICA EPOCAL

Arcadio López-Casanova[26] busca una concepción histórica, asociativa —siguiendo a Kibedi-Varga[27]—, que define la poe-

---

[24] *Op. cit., pág.* 83. Esta cita resume el magisterio de Ignacio Soldevila Durante (1973; *págs.* 29-36).

[25] México, Joaquín Mortiz, 1969, *pág.* 114.

[26] *Op. cit., Actas, págs.* 626-627.

[27] *Les constantes du poème*, París, Picard, 1977, *págs.* 258 y ss.

sía aubiana como desgajada del tronco simbolista. Un tronco unitario del que brota el decadentismo o esteticismo modernista, el impresionismo escénico o sentimental de Antonio Machado y Juan Ramón Jiménez, el esencialismo purista de Pedro Salinas o Jorge Guillén, hasta lo onírico superrealista.

De este tronco simbolista, Arcadio López-Casanova[28] señala las siguientes ramificaciones:

1. Reaccionando contra el confesionalismo sentimental romántico, esta poesía se manifiesta (…) como expresión polifónica de la pura subjetividad, y cuyo soporte o foco va a ser un complejo *yo intrasubjetivo*.
2. Esa manifestación estará modulada por ajustadas tácticas creadoras de distancia síquica o pudor afectivo, para propiciar tanto las vías de la introspección en las «galerías del alma» —el laberinto de la personalidad, una intimidad cada vez más abismal—, como la *desdivinización del yo lírico* (recelo a aparecer ostentosamente en el primer plano), o el control, asimismo, sobre la *ebriedad sentimental…*
3. *Un irracionalismo verbal o de la expresión,* determinante de un nuevo tipo de imagen de fundamento subjetivo, en el que pueden entrar las figuraciones de la visión sensitiva (imágenes impresionistas), las visionarias, y los tipos varios de simbolización (de los emblemas o imágenes arquetípicas a los símbolos de protagonización, escénicos, etc.)
4. Uso de *tácticas de implicitación y sugerencia* —el decir sugestivo, impresivo—, polo opuesto de las gesticulación y grandilocuencia románticas.

---

[28] *Op. cit., Actas, págs.* 626 y ss.

5. *Esmero compositivo* (…) búsqueda de nuevas formas de composición.
6. (…) *Tensión disonante* entre ese rigor constructivo (…) y la inefabilidad y evanescencia (…) del contenido poemático.

Esto llevará a un arte unas veces minoritario —aunque nadie suscribirá el imperativo de Juan Ramón Jiménez—, y en otras ocasiones popular, debido a la inclusión de la tradición literaria española, tanto la recuperada —Góngora—, como la más cercana —Antonio Machado, Rubén Darío y Juan Ramón Jiménez—. De ahí las posturas en que se debaten sus componentes: tradición y renovación. Y si se muestran receptivos a las vanguardias no lo estarán menos al Siglo de Oro español y, más reciente en el tiempo, a Bécquer. Así, la Generación del 27 comienza en su primera etapa (hasta 1927) cultivando audazmente la metáfora, reelaborando la lírica popular, actualizando a los clásicos y descifrando a Góngora. En su segunda etapa (1927-1936) se deja influir por el superrrealismo y, en la tercera etapa (tras la guerra) el grupo se divide entre los exiliados, con mayor libertad para discrepar de los vencedores de la guerra, y los que se quedan en España que derivan hacia un humanismo angustiado. Max Aub todavía distingue dentro de los poetas exiliados entre los desterrados (en Europa) y los transterrados (en América), pero las obras de estos últimos las aúna en literatura «desterrada»[29].

Max Aub siempre fue consciente de las diversas manifestaciones del arte y ello se nota, además de en sus libros de historia literaria, en la creación de la *Antología Traducida*, en tanto que sólo el conocimiento correcto de autores y épocas

---

[29] *La poesía española contemporánea, op. cit., pág.* 193.

puede llevar a la re-creación que ejemplifica en cada uno de los poemas de la antología, y no sólo en los poemas, sino en la biografía de los poetas inventados. Por ello, también es consciente del legado del simbolismo y no siempre se mostró favorable en todas sus tendencias[30], como tampoco se mostró favorable al superrealismo, que él llama *surrealismo* «porque así lo llama la gente y así vive en el idioma de la gente»[31]. En *la calle de Valverde* aparece una más de las definiciones de poesía que corroboran, en boca del personaje Valerio, este conocimiento:

> La poesía debe ser inútil o no es; la poesía no debe servir para nada ni a nadie. No inspiración, sino lo contrario: expiación. Escupitajo (…) ¿Quién habla de poesía? El que no entiende. El que sabe, calla; no juzga, ¿para qué? (…) Si no hubiera Dios no habría poesía. Lo que pasa es que no creo en Dios. De la poesía sólo se puede hablar desde puntos de vista antipoéticos (…) El mayor poeta sería el que uniera...
> —¿Qué?
> — Nada. (Valéry y Bretón en uno; no lo dice)[32].

---

[30] *Vid.* al respecto algunos comentarios recogidos en *Poesía española contemporánea, op. cit.,* y *La poesía española contemporánea,* México, Imprenta universitaria, 1954.

[31] *La poesía española contemporánea., op. cit., pág.* 135.

[32] Madrid, Cátedra, 1985, *pág.* 304-305. «El ideal de Aparico está —según señala José Antonio Pérez Bowie en la nota—, pues, justamente, en la síntesis de las dos grandes corrientes de la lírica del siglo XX: la poesía intelectual de riguroso formalismo frente a la de carácter irracional basada en la capacidad sugestiva del lenguaje. Las definiciones que de la poesía dieron cada uno de los dos poetas citados («La fiesta del intelecto», según Valéry; «la derrota del intelecto», según Bréton) resumen de modo contundente ambas actitudes».

A todo ello hay que añadir la admiración de Max Aub por todo lo alemán. Para él, la alemana es la verdadera poesía y todas las demás la siguen:

la poesía francesa está bajo marca alemana; la surrealista de ambos mundos la imita… El poeta de más éxito del siglo XIX español, en el XX, fue Bécquer, porque además de sus altas condiciones poéticas personales, escribió bajo influjo germánico. La hegemonía alemana sucedió a la inglesa —que impuso su romanticismo…[33]

Max Aub está convencido de esta influencia alemana y no oculta su admiración, sobre todo, por el poeta Heine.

UNA ANTOLOGÍA ARBORESCENTE

La *Antología Traducida* de Max Aub fue creciendo a lo largo de los años y de las sucesivas ediciones hasta conformar la última y más completa selección. No se trata de un texto fijado desde el primer momento, sino que en cada entrega por separado la antología iba aumentando la cantidad de poetas y de poemas. Max Aub realizó un par de amplias agrupaciones en forma de libro y tres selecciones de menos de una docena de poetas en diversas revistas y de ahí el carácter de poemario en continuo crecimiento.

La amistad con Camilo José Cela determinó la primera entrega de la *Antología Traducida* en *Papeles de Son Armadans*. Cela y Aub se habían conocido en casa de María Zambrano, pero no sería hasta más tarde cuando comiencen a tratarse regular-

---

[33] *Id., pág.* 140.

mente. Prueba de ello es una carta que escribe Camilo José Cela, desde Palma de Mallorca, a Max Aub a modo de presentación en la que recuerda el primer encuentro de ambos escritores.

Nos conocimos en casa de María Zambrano, en la de conde de Barajas, en Madrid, hacia el año 34 o 35. Yo era un adolescente delgadito que hacía versos nerudianos y leía su «Fábula verde»[34].

Un mes más tarde[35], la memoria de Max Aub confirma el lejano encuentro.

La correspondencia mantenida entre ambos autores es muy fructífera y alumbra, aparte de una amistad, a veces sólo tibia, los problemas de Max Aub con la censura española. Precisamente debido a estos inconvenientes le pedía Camilo José Cela a Max Aub que le mandara «un cuento aséptico» que pudiera vencer la resistencia de los censores a su nombre[36]. En una de las cartas de 1962 Max Aub anuncia ya a Camilo José Cela que la *Antología Traducida* es un proyecto muy avanzado:

Cuando le robe tiempo al ídem te mandaré parte de una «*Antología Traducida*» que, tal vez te divierta[37].

Y Camilo José Cela le contesta a vuelta de correo:

Venga la parte que me anuncias de tu *Antología Traducida*[38].

---

[34] Carta de C.J.C. a Max Aub: 28-IX-1957. *ABMA*: Leg. 4-13/20.
[35] *ABMA*: Leg. 4-13/2.
[36] *ABMA*: Leg. 4-13/37.
[37] Carta de Max Aub a C.J.C.: 22-V-1962. *ABMA*: Leg. 4-13/42.
[38] Carta de C.J.C. a Max Aub: 6-VII-1962. *ABMA*: Leg. 4-13/43.

Pero el manuscrito se hace esperar:

> Cuando mi secretaria esté de mejor humor te mandaré la parte correspondiente de mi *Antología Traducida*[39].

Mas, en la siguiente carta el manuscrito de la que sería la «Primera Entrega» de *Antología Traducida* está ya preparado:

> Querido Camilo José:
> Mucho tiempo sin escribirnos. Estuve en el Canadá y en los Estados Unidos.
> Te incluyo una parte de mi ANTOLOGÍA TRADUCIDA que supongo acogerás con el mayor interés para PAPELES[40].

Sin embargo Camilo José Cela no recibe de inmediato el texto por encontrarse fuera de la isla:

> Anduve por ahí adelante y hasta ayer, que regresé a Palma, no me topé con tu carta y con tu ANTOLOGÍA TRADUCIDA que, como bien supones, acojo con el mayor interés, etc., y ¡viva Jusep Torres Campalans!…[41]

Sergio Vilar, encargado de *Papeles de Son Armadans*, fue quien se carteó con Max Aub para aclarar los problemas de impresión:

> En el próximo número de noviembre proyectamos publicar su «*Antología Traducida*» a la vez que el ensa-

---

[39] Carta de Max Aub a C.J.C.:13-VII-1962. *ABMA*: Leg. 4-13/44.
[40] Carta de Max Aub a C.J.C.: 28-XI-1962. *ABMA*: Leg. 4-13/45.
[41] Carta de C.J.C. a Max Aub: 31-XII-1962. *ABMA*: Leg. 4-13/46.

yo de Manuel Durán sobre su obra. Al ir a preparar los originales para enviarlos a la imprenta me encuentro con la siguiente duda: en algunos poemas figura la barra / indicadora de verso, y en otros figura pero tachada. ¿Desea usted componer estos textos trasformados en verso de verdad, o sea en línea aparte, o bien que los imprimamos con la / tal como están? Mucho le agradeceré que me aclare esta pequeña incógnita, con objeto de activar los trabajos técnicos lo más aprisa posible[42].

Max Aub le contesta al respeto a los pocos días:

Muchas gracias por su carta de 17.
Publique usted los versos tal y como están en lo[s] originales que le envié. Me gustaría tener unas cuantas separatas —digamos cinco— del ensayo de Durán[43].

Y a las pocas semanas le contesta Sergio Vilar desde Madrid, en donde se encontraba participando en el Congreso Internacional sobre Realismo y Realidad en la Literatura Contemporánea:

Querido y admirado Max Aub:
Seguimos con exactitud las normas técnicas indicadas por usted para la impresión de los excelentes versos de los poetas «descubiertos» por Vd. Desde luego, su «traducción» es magnífica…[44]

---

[42] Carta de Sergio Vilar a Max Aub: 17-IX-1963. *ABMA*: Leg. 15-34/10.
[43] Carta de Max Aub a Sergio Vilar: 23-IX-1963. *ABMA*: Leg. 15-34/10.
[44] Carta de Sergio Vilar a Max Aub. *ABMA*: Leg. 15-34/12.

Finalmente el texto apareció publicado en 1963 con 13 autores «traducidos» y antologados; casi al mismo tiempo en que la Universidad Autónoma de México publicaba la *Antología Traducida* con 48 autores. Es a esta versión a la que se refiere Ignacio Soldevila Durante, devoto admirador y crítico aubiano, en una carta de la época dirigida a Max Aub:

> Me gustaría mandarles una reseña [a los de editorial Torre] sobre su *Antología Traducida* del idioma nuevo por Aben Máximo Albarrón, y espero hacerlo en cuanto deje atrás…[45]

Unos años más tarde, en 1965, Max Aub publicó en la Revista Mexicana de Literatura poemas de cuatro autores «traducidos» bajo el título de *Nuevas Versiones*, y que después también incluiría en la versión definitiva de *Antología Traducida*.

Sin embargo, el empeño de Max Aub con estos poemas «traducidos» no cesaba, pues mandó a la redacción de *Papeles de Son Armadans* nuevos textos para conformar una segunda entrega, aunque la revista no le contestó hasta pasado bastante tiempo. Prueba del enfriamiento con el responsable máximo de *Papeles de Son Armadans* son algunas cartas que le llegaban a Max Aub y que hablaban del nobel español. Las cartas entre Camilo José Cela y Max Aub no cesaron —casi siempre pidiendo el primero libros del segundo, difíciles de

---

[45] Carta de Ignacio Soldevila Durante a Max Aub: 29-VII-1963. *ABMA*: Leg. 14-1/70. Aben Máximo Albarrón es quien firma la traducción de *MANUSCRITO CUERVO. Historia de Jacobo. Edición, prólogo y notas de J.R. BULULÚ, cronista de su país y visitador de algunos más.* [Silueta rellenada de un cuervo escrutando el suelo] *Dedicado a los que conocieron al mismísimo Jacobo, en el campo de Vernete, que no son pocos. Traducido del idioma cuervo al castellano por Aben Máximo Albarrón.*

conseguir en España—. Así se refiere Alastair Reid a Camilo José Cela en aquella época:

C.J.C. [h]a construido una casa enorme, moderno estilo retrete de aeropuerto, y actúa como mano derecha de Fraga Iribarne. No hablamos porque no hay manera. Siempre da discursos de sí mismo[46].

Por fin, Antonio Fernández Molina, encargado de la revista en aquella época, le escribe al respecto:

Tenemos proyectado publicar su *Antología Traducida* (segunda parte) en el número de mayo próximo en Papeles. Le escribo para que si acaso no estuviera inédita tuviera la amabilidad de advertírmelo. Ha pasado bastante tiempo desde que nos lo envió y ahora parece que al fin podemos ir poniéndonos un poco al día ya que todo se complicó cuando el traslado de casa incluso unas carpetas de originales estuvieron perdidas[47].

Y Max Aub, ante el largo silencio que ahora rompía la editorial, se hace el olvidadizo y el desinteresado:

Desde luego puede publicar cuando quiera la segunda parte de la «*Antología Traducida*» (¿de qué se compone? Le advierto que me tiene absolutamente sin cuidado. Es pura curiosidad)[48].

---

[46] Carta de Alastair Reid a Max Aub: 5-X-1964. *ABMA*: Leg. 12-5/9.
[47] Carta de Antonio Fernández Molina a Max Aub: 14-III-1966. *ABMA*: Leg. 5-58/32.
[48] Carta de Max Aub a Antonio Fernández Molina: 18-III-1966. *ABMA*: Leg. 5-58/33.

Quizás entre esta carta y la siguiente de las conservadas en el ABMA se cruzó alguna misiva más, porque en la próxima contestación Antonio Fernández Molina le comunica que la segunda entrega ya ha sido publicada:

> Querido y admirado Max Aub:
> En el número de mayo apareció su «*Antología Traducida* (segunda entrega)». ¿Cuándo nos enviará un nuevo texto?...[49]

Sin embargo, la idea de aumentar el número de poemas del libro queda patente en una entrevista de María Embeita publicada en *Ínsula* en diciembre de 1967:

> —¿En qué trabaja usted ahora?
> —En diez cosas. Trabajo para divertirme, y si no trabajo en cien cosas no me divierto. Ya ve usted, aquí... Un ensayo sobre la novela de la Revolución en Méjico. Dos cosas de teatro. Una novela larga, y otra no tanto. Un tomo nuevo de la «Antología traducida». Otro de prosas. Y otras novelas y dramas[50].

Un lustro pasó hasta que el mundo editorial se volvieran a interesar por la *Antología Traducida*. Así, Max Aub le escribió a Juan Ferraté, encargado de Seix Barral, contestándole a una carta previa del 22 de diciembre de 1970, en la que le pedía originales para la editorial. Es el propio Max Aub el que lanza el anzuelo:

---

[49] Carta de Antonio Fernández Molina a Max Aub: 7-VI-1966. *ABMA*: Leg. 5-58/34.

[50] «Max Aub y su generación», *op. cit., pág.* 12.

¿Qué quieren publicar? Lo mejor es que se pongan de acuerdo con Carmen Balcells [agente literaria de Max Aub desde junio de 1970].

De todos modos pídale un ejemplar de mi «*Antología Traducida*», publicada por la Universidad de México que se podría aumentar en una tercera parte con textos inéditos. Mientras tanto le prepararé algún que otro libro que, como el que le cito no le planteará ningún problema[51].

Juan Ferraté se puso en contacto con Carmen Balcells y ésta informa a Max Aub del proyecto:

Y hablando de Seix Barral: a Ferraté le interesaría publicar tu ANTOLOGÍA TRADUCIDA pero me pidió si tenías algún texto inédito para aumentar la tercera parte. Él tiene la edición de Universidad Nacional de México. Dime si le ofrezco algo de tus NOVELAS ESCOGIDAS cuando lleguen ejemplares[52].

Y más adelante le vuelve a informar sobre el mismo tema:

Respecto a los textos para completar la tercera parte de ANTOLOGÍA TRADUCIDA, nos dice Seix Barral que serás tú quien escoja textos y extensión[53].

Como la correspondencia ya se complicaba a demasiadas voces —Juan Ferraté, Magdalena Olivier, Carmen Balcells—, Max Aub decide concentrar la correspondencia:

___

[51] Carta de Max Aub a Juan Ferraté: 4-I-1971. *ABMA*: Leg. 2-12.
[52] Carta de Carmen Balcells a Max Aub: 3-II-1971. *ABMA*: Leg. 2-3.
[53] Carta de Magdalena Olivier, secretaria de la Agencia Literaria de Carmen Balcells, a Max Aub: 5-III-1971. *ABMA*: Leg. 2-3.

Querida Carmen:

Tengo la del 5 de Magda y la tuya del 2 [por 3]. Tuve carta de Ferraté y os incluyo los originales para completar la «*Antología Traducida*». Ahora bien, no entiendo porqué me habla de una «tercera parte». Sería muy triste que Ferraté se refiriera a las dos entregas que publicó «Papeles». El original sobre el que debe basarse Seix Barral es el de la edición de la Universidad Nacional de México. Los poemas incluidos, que no necesariamente han de ser publicados todos, deben ordenarse según las fechas de nacimiento de sus autores. Como verá Ferraté, algunos de los que ahora envío son de los mismos ya publicados: los poemas deben ir a continuación de aquellos. En cuanto a la disposición tipográfica lo mismo me da que los publique con diagonales que separados como van en estas copias; pero, naturalmente, todos del mismo modo...[54]

De esta carta se desprende una perplejidad. Max Aub se queja de que Ferraté hable de una «tercera parte» de *Antología Traducida*, lo que le hace pensar en las dos entregas publicadas en *Papeles de Son Armadans*, y sin embargo fue el propio Max Aub el que en la carta del 4 de enero había sugerido una «tercera parte» a Juan Ferraté...

Poco después, Max Aub recibe noticias de Seix Barral confirmándole las negociaciones con Carmen Balcells.

Muchas gracias por su carta 4 de enero, donde me sugería la posibilidad de publicar, aumentada, su *Antología Traducida*. Ya hablé con Carmen Balcells y, según parece, qui-

---

[54] Carta de Max Aub a Carmen Balcells: 19-III-1971. *ABMA*: Leg. 2-3.

siera usted saber qué extensión la parte inédita debería tener a nuestro juicio <sic>. Sobre esto creo que lo mejor es que decida usted mismo, contando que nos interesa siempre más bien un libro extenso que lo contrario[55].

Y, por ello, Max Aub envió los nuevos poemas a su Agencia Literaria, hecho del que informa, junto con nuevas instrucciones, a Juan Ferraté.

> Querido Juan Ferraté.
> Ya le envié a Carmen Balcells un fajo de poemas inéditos para que los integre en mi *Antología Traducida*. Si alguno no le gusta quítelo. Si necesita más dígamelo. En cuanto a la disposición tipográfica, como es natural, unifíquela como mejor le parezca. Supongo que tiene la primera edición de UNAM[56].

Sin embargo, Carmen Balcells no le informó sobre la recepción de los manuscritos:

> Estoy mejor [del corazón]. Nunca me dijiste si recibiste y entregaste los originales nuevos para Seix Barral, de la «*Antología Traducida*»[57].

Por ello, Carmen Balcells le hace enviar un memorial de tres páginas sobre el estado de la cuestión de los asuntos aubianos, y en el documento se informa de lo siguiente:

---

[55] Carta de Juan Ferraté a Max Aub: 10-III-1971. *ABMA*: Leg. 2-12.
[56] Carta de Max Aub a Juan Ferraté; 23-III-1971. *ABMA*: Leg. 2-12.
[57] Carta de Max Aub a Carmen Balcells: 27-V-1971. *ABMA*: Leg. 2-3.

SEIX BARRAL: ANTOLOGÍA TRADUCIDA: Evidentemente les envié los nuevos textos que mandaste, y estoy pendiente de su decisión[58].

Ya avanzadas las negociaciones con Seix Barral un pequeño impedimento parece interponerse: la editorial Azanca pretende reeditar las dos entregas de *Antología Traducida* aparecidas en *Papeles de Son Armadans*. Max Aub escribe a Carmen Balcells para que tome cartas en el asunto y actúe en consecuencia.

> Por otra parte, me escribe Cela hijo referente al tomo que quieren publicar en Azanca. Me propone quitar una serie de cosas publicadas y republicadas y dejar las que, de hecho, no han aparecido en España. De esos hay tres capítulos que me parecen sujetos a estudios: parte de la «*Antología Traducida*» y parte de los «Crímenes» que, efectivamente, se han publicado en «*Papeles de Son Armadans*». Mientras pensaban publicar todo no tenía nada que decir, pero al suprimir creo que si Seix Barral ha firmado ya el contrato de la «*Antología Traducida*», no es gusto <*sic*> que estos jóvenes publiquen casi la mitad. Así que haz el favor de contestarme inmediatamente para que yo les ofrezca otros artículos en vez de esos[59].

Carmen Balcells no tarda en contestarle ni una semana.

ANTOLOGÍA TRADUCIDA: está el contrato en Seix Barral hace unos días, pendiente de firma[60].

---

[58] Carta de Carmen Balcells a Max Aub: 2-VI-1971. *ABMA*: Leg. 2-3.
[59] Carta de Max Aub a Carmen Balcells: 2-VII-1971. *ABMA*: Leg. 2-3.
[60] Carta de Carmen Balcells a Max Aub: 8-VII-1971. *ABMA*: Leg. 2-3.

Max Aub se muestra contento:

Me alegro mucho de que esté para firma la «*Antología Traducida*»...[61]

Pero no es hasta la siguiente carta cuando Carmen Balcells se refiere al incidente surgido con la editorial Azanca.

AZANCA: como efectivamente Seix Barral va a publicar ANTOLOGÍA TRADUCIDA, no es posible que la mitad del texto salga publicada por otro editor. Si tienes otros textos para proponer a Azanca envíamelos a mí ya que de otro modo es una maraña.[62]

Es entonces cuando el propio Max Aub escribe a la editorial Azanca y, poco después, comunica este hecho a su Agencia Literaria.

Azanca: le escribo para que no publiquen nada de la «*Antología Traducida*» y que en cambio incluyan dos de los ensayos de «Prueba», ya que ha desaparecido la editorial...[63]

La siguiente noticia que Max Aub recibe de Carmen Balcells referente a su *Antología Traducida* es para mandarle fotocopia del documento que confirma el anticipo pagado por Seix Barral a la Agencia Literaria Carmen Balcells: 15.000 pesetas a las que se descuenta el 10 por ciento.

---

[61] Carta de Max Aub a Carmen Balcells: 14-VII-1971.
[62] Carta de Carmen Balcells a Max Aub: 15-VII-1971. *ABMA*: Leg. 2-3.
[63] Carta de Max Aub a Carmen Balcells: 26-VII-1971. *ABMA*: Leg. 2-3.

Más tarde, el libro, con 69 poetas «traducidos», salió en 1972 en la Biblioteca Breve de Seix Barral con una tirada de 6.000 ejemplares, en 1971, alguno de los poemas de *Antología Traducida* formarán parte del libro *Versiones y Sub-Versiones*. En el año 1998 preparé una edición para la Fundación Max Aub[64], sobre la que se basa la presente, y en el año 2001, al formar parte del equipo que edita las *Obras Completas*[65], añadí dos poemas hasta entonces inéditos y que forman parte de la presente edición[66].

LA *ANTOLOGÍA TRADUCIDA*

Este libro no es una antología ni los poemas han sido traducidos; es, por tanto, una broma literaria que Max Aub, fino manierista, articula intencionadamente para ocultar su pudor afectivo detrás de las máscaras de sus poetas inventados. Max Aub no sólo inventa poemas que le representan, crea también interlocutores intermedios que disfrazan los mensajes pero no resultan opacos a esa única voz poética que palpita detrás de cada poema; una voz no tan dolida como en *Diario de Djelfa* o como en *Imposible Sinaí*. Precisamente en este último libro vuelve Max Aub a emplear el enmascaramiento del sujeto poético en docenas de poetas árabes y judíos. En la nota preliminar de *Antología Traducida* se refiere a la poesía traducida del siguiente modo:

---

[64] *Op. Cit.*

[65] *Obras Completas. Obra Poética Completa. Vol. I.* Biblioteca Valenciana, Valencia, 2001.

[66] Los poemas pertenecen a Cayo Valerio Máximo (327-401) y Al Mohamed El Mokrani (1425-?).

Ítem más: las poesías, traducidas, pierden tanta sangre que no hay transfusión que valga. Dejando aparte que todo poema es —está— ya, a su manera, traducido. Entre cierta correspondencia formal y otra interna, preferí la última. Cuando me fue posible procuré remedar medidas originales, malacogerme a algunas rimas.

Y más adelante comenta de los traductores:

Entonces me puse a mal traducir estos poemas segundones que posiblemente tampoco tienen interés. Peor es publicarlo. Ahora bien, ¿tengo yo toda la culpa?

«Con todo, yo creo haber sido fiel al sentido y al espíritu, acaso mucho más que si me hubiese detenido servilmente a la letra»... y ayer, todavía... (ardua empresa, amoldar los nombres a sus objetos y éstos a aquéllos). Aunque pueda uno consolarse —como siempre jugando con las palabras— recordando que Bernal Díaz[67] llamó a los traductores «verdaderas lenguas».

y en *Imposible Sinaí* recurre a la misma técnica de opacidad escondiendo al sujeto poético detrás de múltiples hablantes que, aunque pertenecientes a diferentes bandos se confunden en una única llama alimentada por la poesía.

Estos escritos fueron encontrados en bolsillos y mochilas de nuestros árabes y judíos de la llamada «guerra de los seis días», en 1967. Las traducciones deben mucho a mis alumnos, se lo agradezco.

---

[67] Curiosamente, George Steiner (*Después de Babel*, México-Madrid-Buenos Aires, 1980, *pág.* 67) llega a una conclusión parecida al afirmar que «dentro o entre las lenguas, la comunicación humana es una traducción». Bernal Díaz se adelanta, pues, a la idea de la Intertextualidad.

No tomo parte; sólo escojo para su publicación —con la ayuda de Alastair <sic> Reid— los que me parecieron más característicos[68].

No haría falta recuperar la siguiente nota de 1971 para cercionarnos de cómo, al igual que ocurriría con *Antología Traducida*, los poemas fueron muchos más de los que al final, tras la muerte del poeta en 1972, se publicaron con el consentimiento de su viuda Perpetua Barjau en la edición póstuma de 1982. La edición se la ofreció Max Aub a la editorial Destino[69] pero se publicó once años más tarde en Seix Barral.

Ve buscando editor para mis «Encontrados poemas o lamentos del Sinaí» que, de hecho ya están listos y que puedo mandarte dentro de un mes. Serán como 200 poetas y convendría que se publicasen antes de que hubiera una solución al problema árabe-israelí. No tendrás ningún problema de censura y escoge un editor que tenga buena distribución en América (aun en Norteamérica.)[70]

Estelle Irizarry[71], quién más ha estudiado la *Antología Traducida* de Max Aub, no se cansa de advertir como todo este entramado de máscaras, suplantaciones, seudónimos, supercherías, falsificaciones, etc. participan del carácter lúdico de la literatura. Así, señala:

---

[68] Barcelona, Seix Barral, 1982; *pág.* 7
[69] Carta de Max Aub a Carmen Balcells: 26-VII-1971. *ABMA*: Leg. 2-3.
[70] Carta de Max Aub a Carmen Balcells: 19-III-1971. *ABMA*: Leg. 2-3.
[71] *La broma literaria en nuestros días: Max Aub, Francisco Ayala, Ricardo Gullón, Carlos Ripoll, César Tiempo.* New York, Eliseo Torres, 1979.

En toda ficción hay un espíritu de juego en el sentido de que el lector es invitado a aceptar las invenciones literarias como si fuesen la verdad. Algunos autores no satisfechos con esta milenaria convención narrativa, han querido extender la esfera de sus imaginaciones más allá de los confines de la obra escrita. De ahí nace la broma literaria[72].

Toda antología comporta una reescritura, una reelaboración por parte del antologador que en este caso es mucho más compleja porque hilvana la traducción con la creación literaria en la línea de Walter Benjamin. La afirmación de que todo poema es una traducción (formulación que se constituye en el paraíso de la intertextualidad) no queda lejos del comentario de Rilke a Jean Cocteau afirmando que todos los poetas hablan una lengua común, sólo que con estilos diferentes. Es por ello que Max Aub, aparte del ejemplo de Bernal Díaz del Castillo, señalado más arriba y perteneciente a la Nota Preliminar que abre la *Antología Traducida*, aporta una nueva reflexión que apoya definitivamente esta propuesta. El ejemplo aparece al presentar al poeta Li Ping Hang:

Imposible traducir la poesía, siempre traducida.

En todos los casos Max Aub se esconde detrás de cada uno de los poemas traducidos. Es un desarrollo laberíntico en el que del mismo modo que en *Geografía* inventa ciudades en *Antología Traducida* inventa poetas. Y, además, si la mayor parte de su obra se fundamenta en la memoria histó-

---

[72] Id. pág. 7. Sobre este tipo de bromas literarias ver el libro de William S. Walch, *Handy-book of literary curiosities*, Detroit, Gale Research, 1966.

rica, en *Antología Traducida* recrea la memoria histórica de docenas de poetas apócrifos, perfectamente insertados en sus diversos mundos posibles delimitados por coordenadas espacio-temporales, claramente perceptibles por el lector de tan lúcidamente evidentes como se muestran. En otras ocasiones se acerca a la historia literaria como crítico, por ejemplo en su *Historia de la literatura española* y en los diversos estudios y antologías sobre la poesía española; ahora, sin embargo, acude a la literatura universal con los ojos del creador, del recreador que da nueva vida a autores y a textos que nunca existieron y que nadie percibe como falsos: es el reto que se marca en *Jusep Torres Campalans* y que ahora reencarna en los poetas antologados. El propio Max Aub también empleó esta técnica en *Juego de cartas* (1964), texto compuesto por 108 naipes detrás de los cuales figura una reseña necrológica. Y así mismo intenta confundirnos en *Luis Álvarez Petreña,* que recupera la tradición del *Quijote*, del *Tristan Shandy* de Sterne, del *Joseph Andrews* o del *Tom Jones* de Fielding, y, más cercano en el tiempo, de *Niebla* de Miguel de Unamuno, o de los personajes de Pirandello. Pero, sobre todo, en el citado *Jusep Torres Campalans* (1958) donde el desdoblamiento está ricamente documentado y por ello Jean Cassou lo iguala al pintor cubista malagueño y considera que «Campalans est aussi possible que Picasso, et Picasso aussi hypothetique que Campalans.»[73]

Jusep Torres Campalans y *Antología Traducida* recrean lo que Manuel Durán llama «biografías imaginarias»[74]. Lo cierto es que Max Aub inventa al mismo ritmo el discurso y la

---

[73] Ignacio Soldevila Durante, *op. cit., pág.* 28.

[74] Manuel Durán y Margery A Safir, «Acerca de Max Aub, Jorge Luis Borges y los biógrafos imaginarios», *La palabra y el hombre*, 2ª época, nº 14, abril-junio de 1975, *págs.* 65-68.

biografía tanto de personajes conocidos (que dan patente de verosimilitud a los poetas antologados), como de los personajes ficticios (los antologados). En *Antología Traducida* son siempre imaginarios los poetas antologados, salvo el propio Max Aub, pero no ocurre lo mismo que en *La gallina ciega*, en donde también esconde personajes reales bajo nombre ficticios (Nuria Espert como Montse), ni como en *Jusep Torres Campalans*, o, como señala después el propio Max Aub refiriéndose a *Campo Cerrado*:

Ahí tendría que hablar de Luys Santamarina, escritor montañés, gran amigo mío (es el Salomar de *Campo Cerrado*)[75].

Alexandre Gottieb Baumgarten[76] incluye estas recreaciones como «ficciones verdaderas», posibles en el mundo real y, por ende, la ficción es sólo una realidad aparente que, no obstante, abunda en la perplejidad del lector. Así, Max Aub mezcla la realidad y la ficción en un mismo plano y de ahí que el magma de la confusión esté sembrado, porque describe a los personajes reales como a los ficticios como lo asegura el propio Max Aub al hablar de su amigo Luis Buñuel: «No miré a Buñuel con otros ojos que con los que veía a mis personajes»[77], y lo mismo ocurre en *Luis Álvarez Petreña*, su alterego presentado en tres épocas diferentes de su vida.

Se trata siempre de lo que Umberto Eco llama «pretesa di identità»[78] refiriéndose a la recreación realista sobre un mensaje que resulta ser falso.

---

[75] *Autobiografía*, fol. 4.
[76] *Reflexiones filosóficas acerca de la poesía*, Buenos Aires, Aguilar, 1975.
[77] *Conversaciones con Luis Buñuel*, Madrid, Aguilar, 1985, *pág.* 20.
[78] *Cfr. I limiti dell'interpretazione*, Milano, Bompiani, 1990, *pág.* 169.

Max Aub también se presenta como lo que no fue, que es una manera de mostrar la cara oculta de una biografía, la de los sueños, la de la cultura asimilada, la de los proyectos, la de los libros leídos; un poeta es también aquello que no ha podido ser, haya degenerado en frustración o en piedra de toque. En esta idea incide Antonio Carreño al comentar esta antología.

> A través de *Antología Traducida...* Max Aub está escribiendo su propio destino, su biografía literaria de lo que no fue: un poeta errante, anónimo, oriental, romano, persa, magrebino, teólogo nacido en Parma, poeta marroquí del siglo XIII, veronés del XIV. Para reafirmar la precariedad de su historia y la inseguridad de su misma existencia[79].

El propio Max Aub, comentando en su *Poesía española contemporánea* el lema de Verlaine sobre «le rare est bon», había señalado sobre la creación poética en relación a la traducción:

> Poesía para iniciados, poesía adrede, poesía postiza, hecha con talento pero que no pasará, las más de las veces, de su apariencia. Siempre tiene un aire de poema traducido, no hecho directamente[80].

Para llevar a cabo este entramado especular de personajes encadenados por desdoblamientos de identidad, manifestados superficialmente como la relación establecida entre un poeta apócrifo y un traductor y antologador llamado Max Aub, se asiste a un proceso que traspasa la ficción con el úni-

---

[79] Antonio Carreño, *Actas*, I, *pág.* 151.
[80] México, Era, 1969, *pág.* 69.

co propósito de crear fuertes nexos de verosimilitud. Así, a propósito de la narrativa aubiana, José-Antonio Pérez Bowie[81] señala tres apartes que evidencian este mecanismo de metaficción: la puesta en evidencia de la construcción ficcional, la utilización del discurso como vehículo de reflexión sobre sí mismo y la transformación del proceso narrativo en materia de narración. El primer apartado consiste en debilitar la frontera entre el mundo real y el imaginario con la inclusión de citas, notas y comentarios también ficticios sin romper el acto narrativo. En este sentido se encuentran también el «Homenaje a Lázaro Valdés» en *La verdadera historia de Francisco Franco* o la estructura del *Manuscrito cuervo*, o las citas en *Campo abierto*. En *Antología Traducida* la Nota Preliminar y las notas explicativas de los «poetas traducidos» están plagadas de referencias biográficas y de erudición bibliográfica, y, por ello, son un claro ejemplo de este distanciamiento ficcional. El segundo apartado reclama el uso del lenguaje empleado en el texto como vehículo de reflexión sobre sí mismo, interrumpiendo la ficción y provocando un mayor grado de distanciamiento que el apartado anterior, pues rompe el poema o la presentación de éste para dar lugar a la reflexión. He aquí un ejemplo en el que se detiene en la biografía de Hagesícora para desarrollar una formulación metaliteraria, para continuar después con la vida de la poetisa y cerrar con un comentario irónico:

> Es indudable que las sátiras jónicas en contra de las mujeres, entonces de moda (véase Semónides o Simónides de Amorgos), tuvieron algo que ver con el tono de la

---

[81] «Max Aub. Los límites de la ficción», *Actas*, págs. 367-382. Vid. también de este autor la Introducción a Max Aub *La calle de Valverde*. Madrid, Cátedra, 1985.

diatriba que traduzco. De la vida de Hagesícora no se sabe gran cosa. Más vale así.

Y en el tercer proceso el autor real aparece introducido en el universo discursivo que, en este caso, no es otro que pasar a convertirse en poeta antologado por sí mismo. No es estraño este mecanismo en la narrativa aubiana, lo mismo en las obras extensas, como *Campo de sangre*, o en los cuentos, como en *La vejez,* incluido en *El zopilote y otros cuentos mexicanos,* y de este modo se inventa a sí mismo en *Antología Traducida* haciendo gala de un guiño adelantado de postmodernidad.

Antología Traducida, como la mayoría de su obra, es coral y en ella se palpa la ausencia de un Max Aub que se niega a aparecer como héroe individualizado y se diluye en una multitud de filamentos convergentes que le delatan, que no engañan sobre el poeta que manipula la marioneta de un sujeto poético múltiple enmascarado que no se trasluce de forma tan evidente como en *Diario de Djelfa, La gallina Ciega* o *Enero en Cuba,* pero que no queda opaco a los ojos de un lector mímimamente atento.

Arcadio López-Casanova[82] ha centrado el estudio sobre la obra aubiana en el universo poético y en el caso de *Antología Traducida,* profundizando en el yo poético especular, laberinto de personalidad que se realiza a través de un juego de espejos y que enlaza, siguiendo la afirmación de A. F. Molina[83] con Yeats, Borges, Pessoa, Machado, Unamuno, Pirandello, etc. López-Casanova señala las actorizaciones o máscaras del texto y las divide en dos grupos creados por el sujeto de la

---

[82] «Creación poética y poética de la ruptura. (Un acercamiento a la obra lírica de Max Aub)», *Actas,* 625-641.

[83] Prólogo a *La uña,* Barcelona, Picazo, 1972, *pág.* 12.

obra[84]: Aub antólogo ficticio que perfila las figuras, o modalidades existenciales según Antonio Carreño[85], con las breves notas introductorias sobre sus vidas, y un Aub sujeto-poeta que les da vivencia, de manera que debajo de la voz debajo de las modalidades existenciales surge su voz polifónica. Estas máscaras son coincidentes en tanto que reflejan a los desarraigados, desposeídos, perseguidos, enamorados, incansables viajeros, heterodoxos, soñadores, libertarios, arrastrando el sueño de la patria perdida, el dolor de extrañamiento, la preocupación por el sentido último de la existencia, el paso del tiempo o la soledad de la trascendencia, como se observa en el poema del Poeta Anónimo de Lorca que parece resumir este elenco de referencias compartidas entre poetas apócrifos y el propio Max Aub.

El poeta, mediante un proceso de ficcionalización, crea máscaras con modalidad existencial, poetas ficticios, y se esconde detrás de una polifonía de voces que enumeran sus preocupaciones a través de numerosos pastiches imaginarios[86] en los que se mira el propio Max Aub.

Arcadio López-Casanova concluye su acercamiento a *Antología Traducida* señalando la doble trama paródica que presenta esta obra, ya desde el punto de vista existencial, que corresponde a las máscaras, ya desde el punto de vista textual reflejado en los poemas, porque también en los poemas se persigue continuar la parodia imitando la cultura, el país, la historia, la literatura, la época de cada uno de los apócrifos.

---

[84] A. Okopien-Slawinska identifica al sujeto de la obra (o autor interior) con la más alta instancia que aparece en la obra; en este caso Max Aub como antólogo. *Cfr.* A. López-Casanova, *Id. pág.* 639, nota.

[85] *La dialéctica de la otredad en la poesía contemporánea. La persona. La máscara.*, Madrid, Gredos, 1982, *pág.* 210.

[86] Sobre esta idea ligada al concepto de hipertexto ver Genette, *Palimpsesto. La literatura en segundo grado.* Madrid, Taurus, 1989, págs. 99, 158-163.

El sentido paródico queda patente, según Eleonor Londero[87] desde el principio de la obra y se extiende en forma de mosaico a una intención de poner en tela de juicio la validez de la selección, la función de la traducción y su capacidad de comunicar y la legitimidad de la autoría. Son las «parodias de la otredad» que señala Antonio Carreño[88] en las que el yo se sitúa en el campo del otro (la máscara) y éste se convierte en metáfora de lo que ya no es, del yo ausente. Y, además, la máscara viene a ser en literatura la alegoría de la nueva persona, asumida o aparente. Pero, sin duda, interesa resaltar cómo la realidad de la ficción se convierte en excusa para explicar la realidad que vivimos. Se trata de una trampa cervantina que también aparece en la narración del viaje ficticio en tren que se cuenta en *La gallina ciega*. Pero las trampas de la parodia pueden caer en la irrealidad, como le ocurre a Luis Álvarez Petreña cuando exclama:

¡He leído tanto que ya no sé si te quiero!.. Todas mis deducciones se basan en postulados novelescos… y mi imaginación se llena de trapos a todo viento, de lienzos al aire, de velas, de horas en vela de las novelas que he bebido como fuente misma de la vida.

La literatura es el lenguaje poseído por la escritura y, a veces, pierde la capacidad de exponer tanto como de comunicar, pierde funcionalidad hasta que el lenguaje posee al propio sujeto, le absorbe y le hace dudar de cuál es el referente real, un extremo que modernamente también se refleja magistralmente en la primera novela de Luis Landero *Juegos de la edad tardía*.

---

[87] *Formas de la elusion*, Messina, Rubbetino, 1996, págs. 82-84.
[88] *La dialéctica de la identidad…*, Introducción.

Max Aub es un escritor velazqueño que bebe de *Las Meninas* la magia del espejo que ofrece el ángulo imposible: la paleta del pintor y el pintor mismo. Por eso no es extraño encontrarse entre los antologados al propio Max Aub, poema en ristre y presentado irónicamente:

> Nació en París en 1903. Aunque sale su nombre con cierta periodicidad sospechosa en los libros y revistas, no se sabe dónde está. Lo único que consta es que escribió muchas películas mexicanas carentes de interés. Nada tiene que ver con su homónimo Leandro Fernández de Moratín.
>
> Los que quieran ver en estas líneas una intención política: ella-España, están equivocados.
>
> Si pudiéramos fechas estas sentencias tal vez pudiera ponerse en claro. No hay tal. Mientras tanto recomiéndase la abstención que es lo único que, con seguridad, da fruto.

¿Dónde está Max Aub?, pregunta Max Aub. Está detrás de cada máscara y mucho más detrás de esta biografía que coincide en todos sus puntos. Antonio Carreño apunta una clave más para la definición de este libro tan plurisignificativo:

> La final definición da con la clave de «Antología Traducida»: una colección de retazos literarios, de esquejes biográficos, de trucos que se asumen como ajenos y que forman un mágico retablo (a modo de epitafios) de las múltiples más/caras de Max Aub, lector de otros textos, como traductor, antólogo, crítico, biógrafo y poeta[89].

---

[89] «Hacia una morfología de *Personae* y máscaras: el caso Max Aub», *Actas, pág.* 141.

Y en cada proyecto poético asignado a un poeta antologado se expresa el propio Max Aub envuelto en recursos de verosimilitud de tal manera que las notas biográficas son tomadas como apuntes de la realidad. Así, Gérard Malgat afirma sobre Jusep Torres Campalans que

> Le goût de Max Aub pour les inventions soigneusementent élaboées nourrit aussi des romans dont la force du vraisemblable est telle qu'ils furent accueillis comme des récits biographiques par les lecteurs comme par les critiques que chercèrent à recontrer ce peintre Jusep Torres Campalans[91].

En algunas ocasiones Max Aub, autor del libro y narrador de la novela a la vez, se hermana con el propio personaje, como en *Luis Álvarez Petreña*. Max Aub se siente fuertemente ligado a sus personajes bien considerándolos compañeros de infortunios, como en *Las vueltas*; bien porque realizan una obra artística a medias, como Ferris o Petreña; e incluso es capaz de compartir con Petreña la planta de un hospital de Londres. Es en estas interacciones entre el escritor y sus criaturas, señala Gérard Malgat, donde

> le lecteur ne sait plus très bien qui du personnage ou de l'ecrivain est une création de l'autre, qui du protagonisme ou de son créature est le porte-plume du récit en cours d'écriture. Max Aub organise des jeux de mirroirs où fiction et réalité renvoient chacune leur image du vrai[92].

Pasqual Mas i Usó, Almassora, 2002.
www.escriptors.com/autors/masusop

---

[90] Gérard Malgat, 1996; *pág.* 96.
[91] Gérard Malgalt,1996; *pág.* 97.

Antología traducida

NOTA PRELIMINAR

¿Por qué hay más poetas malos que buenos? Sin entrar a estudiar este extraño problema, no hay duda de que entre miles llamados menores existen algunos que escribieron un poema, tal vez dos o tres, tan buenos como los mejores. Como si Dios hubiese querido marcarlos, manteniéndolos a flote, salvándolos del olvido, de un hilo.

Husmeando aquí y allá di con algunos semiborrados de toda memoria.

Ítem más: las poesías, traducidas, pierden tanta sangre que no hay transfusión que valga. Dejando aparte que todo poema es —está— ya, a su manera, traducido. Entre cierta correspondencia formal y otra interna, preferí la última. Cuando me fue posible procuré remedar medidas originales, malacogerme a algunas rimas.

En 1924, en una cervecería, en München, mi tío Ludwig Aub[1], tipo curioso que sabía cosas raras, me palpó el cráneo dictaminando maravillas.

—Tú me reivindicarás.

Mas la última hada puso su grano de rejalgar:

—No tienes el menor sentido de la música.

---

[1] En una autobiografía que Max Aub escribió en 1953 (*ABMA*, sin fecha, aunque dice que su padre murió dos años antes. *Vid.* Dolores Fernández Martínez, *Tesis. cit.* en Introducción) afirma: «la familia materna era de origen sajón y pertenecía a la burguesía alta. Recuerdo haber visto una vez a mi tío Ludwig Aub, en München. Era un tipo curioso, grafólogo y autor de muchos folletos más o menos esotéricos».

No le volví a ver; si falló en lo más, en lo último dijo verdad. Un tiempo creí que el ritmo se me escapaba por mi mala memoria; después he leído, no recuerdo dónde, como es natural, que nada tiene que ver lo uno con lo otro; de un mal, dos. Cada quien es como nace y se hace, y el rubio no será moreno a menos que se tiña; y ya no estoy para afeites.

Escribí muchos renglones cortos con la esperanza de que fuesen versos. Joaquín Díez-Canedo[2] me los echa siempre en cara. Sin más dificultad que la tristeza, acabó por convencerme. Entonces me puse a mal traducir estos poemas segundones que posiblemente tampoco tienen interés. Peor es publicarlo. Ahora bien, ¿tengo yo toda la culpa?

«Con todo, yo creo haber sido fiel al sentido y al espíritu, acaso mucho más que si me hubiese detenido servilmente a la letra», dice Valera[3] en el prólogo de su traducción de *Poesía y arte de los árabes* de Schack; y ayer, todavía, Plinio[4]:

---

[2] Joaquín Díez-Canedo, hijo de Enrique Díez-Canedo. Sobre este autor ver la carta del 10 de abril de 1964, dirigida desde México a Max Aub. (*ABMA,* Leg. 5-3.)

[3] Juan Valera publicó entre 1867 y 1871 los tres tomos traducidos por él de la *Poesía y arte de los árabes en España y Sicilia,* del alemán Schack. Recientemente este libro ha sido reeditado en un solo volumen: Madrid, Hiperión, 1988.

[4] La frase aparece citada también por Max Aub en «La falla» *(Ciertos cuentos.* Segorbe, Ayuntamiento, 1994, *pág.* 104) aunque atribuida a un profesor valenciano de latín que se la hace aprender al narrador del cuento: «(*Arduum est nomina rebus et nominibus reddere,* como dijo Plinio, y don Álvaro nos enseñó. *Ardua empresa amoldar los nombres a sus objetos, y éstos a aquéllos.* Don Álvaro era un escritor sucio /.../, Valencia, 1918, 1919, 1920, 1921...)». En la introducción de *Ciertos cuentos,* Miguel-A. González, Laura Gadea Pérez y Ana-I. Llorente Gracia señalan que «El comentario que se genera a raíz de esta frase nada tiene que ver con la acción principal». (*Op. cit., pág.* 27).

Arduum est nomina rebus et res nominibus reddere (ardua empresa, amoldar los nombres a sus objetos y éstos a aquéllos). Aunque pueda uno consolarse —como siempre jugando con las palabras— recordando que Bernal Díaz[5] llamó a los traductores «verdaderas lenguas».

Dejando aparte que el que haya escrito un solo verso verdadero se salvará.

* * *

Debo traer aquí, con el debido acatamiento, los nombres y apellidos de Howard L. Middelton y de Juan de la Salle[6], de los que tuve menester como el pan de la boca para los trabajos que siguen.

---

[5] Bernal Díaz del Castillo (1492-1584). Muy joven pasó a las Indias y estuvo en el Darién, con Pedrarias Dávila. Desde Cuba participó en varias expediciones de las costas de México y figuró entre los que entraron en Tenochtitlán con Hernán Cortés. Es famoso por *su Historia verdadera de la conquista de Nueva España,* que permaneció inédita hasta 1632 (Madrid, Imprenta del Reino). Bernal Díaz del Castillo usa la voz «lengua» en lugar de traductor; por ejemplo: «Y azadas las mesas, se apartó Cortés con las dos nuestras lenguas doña María y Jerónimo de Aguilar, y con aquellos caciques, y les dijimos...» (Madrid, Alianza, 1989; *págs.* 94-95). Sobre las consideraciones lingüísticas de Bernal Díaz *Vid.* el apartado elaborado por Manuel Alvar en la *Historia de la Literatura Hispanoamericana. Época Colonial.* (Madrid, Cátedra, 1987; *págs.* 127-134), y Stephen Gilman «Bernal Díaz del Castillo and Amadís de Gaula» en *Studia Philosophica, II. Homenaje a Dámaso Alonso.* Madrid, Gredos, 1961; págs. 99-113. Curiosamente, George Steiner (*Después de Babel;* México-Madrid-Buenos Aires, 1980, *pág.* 67) llega a una conclusión parecida al afirmar que «dentro o entre las lenguas, la comunicación humana es una traducción».

[6] Howard L. Middleton y Juan de la Salle.

El primero, especialista en lenguas y literaturas eslavas, profesor de las Universidades de Washington y Oberlin, pasó diez meses en México, en 1955, aprovechando uno de sus años sabáticos, aunque estaría mejor decir que el aprovechado fui yo al prestarme él sus luces y las voces de tantos que tradujeron lo suyo en idiomas para mí incomprensibles. Su fallecimiento, en 1959, hace imposible que le lleguen mis gracias. Que su dignísima Mabel, tan devota de nuestro trabajo, halle aquí constancia de mi amistad. Fue hombre no sólo de estudio sino de gusto. Había nacido en Nueva York en 1899, de familia humilde; logró lo que fue gracias a su tesón sin falla y a su inteligencia, si lenta mucho más que mediana[7].

A Juan de la Salle le conocí en Madrid, hacia 1930; fue de los pocos que supo, a fondo, árabe y sánscrito. En Medinaceli 4[8], pasó no pocas horas con Pedro Salinas y Jorge Guillén[9], de quienes fue amigo[10]. Le volví a encontrar en Rabat y Casablanca, en 1942. Hombre de muchos posibles, trabajaba con Lévi-Provençal[11]; en 1951, desapareció en un

---

[7] Obsérvese la coincidencia entre la «mediana» inteligencia del autor y su propio apellido «*Middleton*» (*middle*, en inglés: «mediano»).

[8] ¿La sede del Consejo Superior de Investigaciones Científicas, situada hoy en Medinaceli, 6?

[9] Pedro Salinas y Jorge Guillén son dos destacados poetas de la Generación del 27. Conocidos y amigos de Max Aub, son mencionados en *La Gallina Ciega*, y una carta de Jorge Guillén dirigida a Max Aub aparece publicada en *Epistolario del exilio (1940-1972)*. Edición de Miguel-A. González Sanchis. Segorbe, Fundación Caja Segorbe, 1992; *pág.* 30 (transcripción) y 31 (manuscrito).

[10] La amistad, igual que ocurre en *Josep Torres Campalans*, advierte de que hay mentira escondida.

[11] Evaristo Lévi-Provençal (1894-1956), orientalista francés, doctor en letras, profesor de la Universidad de Argel y después de la Sorbona. Dirigió el Instituto de estudios Islámicos y el Centro de Estudios Orientales Contemporáneos de París. Es autor de notables trabajos sobre la

convento canadiense. Era —o es— hombre de pocos amigos. Si le llegan estas líneas sepa que le llevo en el corazón.

Ambos me permitieron dar en castellano la mayoría de los textos que siguen. Sus consejos me fueron utilísimos: más lo hubieran sido si hubiesen visto las últimas versiones; pero estamos casi siempre atenidos a voluntad ajena; la mía aquí se declara.

Para mayor claridad, simplifico los apellidos orientales. Si algún purista se siente, reciba mis excusas.

historia y la civilización de la Europa musulmana y, respecto a España, de *la Histoire de l'Espagne Musulmane*. 3 vols.; París, Maisonneuve, 1950-1953. Este autor aparece citado de nuevo en la introducción del poeta Almutamid IV, rey de Marruecos. Asimismo, Max Aub no olvida referirse a este autor en otras obras suyas (*Historia de la Literatura*, Madrid, Akal, 1974; *pág.* 158).

ANÓNIMO

Sin duda de la época de Amenofis IV[12], en el que rezuma un curioso anticlericalismo, probable consecuencia de la pérdida de las provincias sirias.

> ¿Para qué remontarse a la creación,
> si es visible para todos
> cada mañana?
> ¡Oh día, Dios de sí mismo!
> Rha portentoso,
> ¡lección sutil, lección sacra,
> repetida desde el principio mismo
> para que todos la comprendan
> y reverencien!
>
> Que algunos sacerdotes
> lo olviden —tal como tú—,
> más amigos del zumo de las uvas

---

[12] Amenofis IV (Akhenatón), faraón transformador tanto en lo artístico como en lo religioso cuyo largo mandato transcurrió en relativa paz. En lo artístico se profundizó durante su mandato en la sutilidad de las formas, se abandonó el hieratismo y se promovió la construcción de una nueva capital para el reino: Tell el-Amarna. La atmósfera de anticlericalismo que se refiere más abajo se basa en que Amenofis IV sustituyó el culto de Amón por el de Atón y cambió su nombre por el de Akhenatón.

que de la verdad,
y que no se levanten
hasta que el Señor
ha tramontado
dice adónde hemos llegado.

La noche vence, y la muerte.
¡Oh, poderoso Señor!,
¿qué esperas para poner
otros en su lugar?

HAGESÍCORA

(Siglo VII a. C.)

Se ignora que la famosa conductora de coros femeninos espartanos fuese también poeta. Conocida por el panegírico que de ella hizo Alcmán[13], parece que el conocido y justamente alabado poema de éste: «¡Oh, damas, ya mis miembros se resisten a transportarme al compás del tono melifluo y las voces anhelantes! ¡Ay, quién fuera como el martín pescador, que vuela al par de los alciones sobre las flores acuáticas, con desenfadado corazón, ave primaveral de las ondas azules!», fue interpretado de manera poco favorable por las «damas», que vieron en él alusiones poco gratas. Estos versos movieron a Hagesícora a contestarle. Es indudable que las sátiras jónicas en contra de las mujeres, entonces de moda (véase Semónides o Simónides de Amorgos[14]), tuvieron algo que ver con el tono de la diatri-

---

[13] Alcman (670 a.d.C.-630a.d.C), poeta griego hijo de un esclavo. Compuso en dialecto dórico himnos, peanes, partenios, anacreónticas y otras obras líricas y se le considera el fundador del arte lírico dorio. Sólo se conservan fragmentos de su *Partenion*. Alcmano, como es frecuentemente llamado en España, más que por sus obras ha pasado a la historia por suponérsele el introductor del canto coral en la tragedia griega.

[14] Simónides de Amorgos (siglo VII a.d.C.), poeta griego, contemporáneo de Arquíloco, compuso, imitándole, versos yámbicos, y en estos metros escribió su poema histórico sobre Samos.

ba que traduzco. De la vida de Hagesícora no se sabe gran
cosa. Más vale así.

¡Ay, hombres miserables[15]
cuyo sexo pende al exterior
como demostración
de que sólo a medias es vuestro,
como asa de un botijo
que nada tiene
que ver con su contenido!

¡Aprended, mozos, de nosotras,
todo interior, todo recato,
nuestras, adentro, del todo!

¡Oh seres intercambiables!

---

[15] Estelle Irizarry (*Op. cit., pág.* 127) ve en el principio del poema de
Hagesícora un eco de la redondilla de sor Juana Inés de la Cruz «Hombres
necios, que acusáis / a la mujer sin razón». Aunque se matice que los dos
poemas no tienen nada que ver, la alusión de Irizarry es muy arriesgada.

ASMIDA

Famosa poetisa cretense del siglo VI a. C. de la que, como es natural, poco se sabe dejando aparte alguna referencia muy posterior (Plutarco, v. gr.). Tal vez no sea suyo este texto, sino disfraz de alguna poetisa romana. No es más que una suposición.

Los maricas se distinguen
de nosotras
en que además de acostarse
con los hombres
lo hacen también con mujeres.
Tengámosles respeto:
son seres más completos,
últimos restos
de la raza de los dioses.
Sólo podemos
adorarlos envidiándolos
—cualquier adoración, envidia—.
Aspasia[16] tenía dos,

---

[16] Aspasia. Célebre cortesana de Mileto que conquistó el corazón de Pericles. La casa de Aspasia era centro de reuniones y el mismo Sócrates la frecuentaba. Aristófanes la presenta como consejera política de Pericles y causa principal de la guerra de Grecia contra Samos y de la guerra del Peloponeso. Tras la muerte de Pericles se unió al rico comerciante de ganados Lisicles, hombre grosero al que convirtió con sus lecciones en orador.

creía disponer de ellos
pero ella los servía,
les untaba con sus aceites,
y su vino mejor bebían,
mas los veía
y ardiendo ardía.

Existe otra Aspasia, focense, cuyo nombre verdadero era Milto, que primero fue la favorita de Ciro el joven y más tarde de su hermano Artajerjes. Cuando Darío, hijo de Artajerjes, se enamoró de ella, Artajerjes la hizo sacerdotisa de un templo de Ecbatana.

TABLETA AGNÓSTICA

(Siglo vi a. C.)

¿Por qué temes a tu muerte?
El futuro te pertenece.

POEMA DE HAMASA[17]

(SIGLO V A. C.)

Llamado así por el lugar donde se halló.

    Y no hay otro problema parecido,
los muertos son vecinos de los vivos,
en paz y en guerra,
en sus cuevas o en tierra;
pero sus relaciones son lejanas
y problemáticas,
según se sueña.

---

[17] Hamaxa. Cofradía religiosa marroquí.

ANÓNIMO CANANEO[18]

(SIGLO IV A. C.)

No cantes más: teje de día,
teje de noche mi sudario;
teje, con la cabeza baja,
lo necesito para que me lleven;
si no, me tirarán entre los burros
y los caballos, solo, en los desmontes
pelados más lejanos.
Allí me tirarán, basura, en tierra,
y oiré, tal vez, los perros y las hienas.

Sé lo que quieres: no levantes
los ojos. ¡Quién fuera tu amante
(¡teje —cabeza baja—, teje!)
y no tu padre!

---

[18] Es evidente que el poema pretende adscribirse a la tradición cananea que, por sus perversiones (a causa de adorar a Molok y Baal), sufrió la ira de Dios (*Josué*, 23, 15-16). Por otra parte, Cananeo, con el significado de «el celoso», era el sobrenombre del apóstol Simón. Ambas interpretaciones son posibles en este texto pues, si bien el poema «pertenece» al siglo IV a.C. y a los cananeos se les considera descendientes de Cam (*Génesis*, 10, 6 y 15-18), 3000 a.d.C., por otro lado el tema relata los «celos» de un padre enamorado de su hija.

MARCO BRUTO CRISPO

(48-17 A. C.)

Natural de Padua, amigo a lo primero de Ovidio[19], perteneció al círculo de Mecenas[20], del que salió por sus malas artes. Tal vez tuviera que ver con el destierro del poeta de Sulmona[21]. En contra de lo que pudiera hacer suponer su apellido, no era de la familia de Salustio[22]. Cayó a su vez en desgracia el año 13 y Augusto[23] prohibió que se volviera a hablar de él.

---

[19] Publio Ovidio Nasón (43 a.d.C.-17), poeta latino, cuyos versos, de temas eróticos, mitológicos y de destierro, alcanzaron gran popularidad. Aunque se contaba entre los amigos de Augusto, fue deportado en el año 9 y murió en el exilio. Excepto *Las Metamorfosis* y un trozo de *Halientica*, las demás obras son elegías. La amistad, como ocurre en la «Nota Preliminar» de *Antología Traducida* y en *Jusep Torres Campalans*, esconde la mentira que, en este caso, se funda en el anacronismo.

[20] Cayo Cilnio Mecenas, amigo de Augusto y protector de las letras y de los literatos.

[21] Sulmona. Patria de Ovidio.

[22] Cayo Salustio Crispo (86 a.d.C.-34 a.d.C.), historiador latino creador en Roma de la historia filosófica al estilo de Tucídides. Sus obras más famosas son *La conjuración de Catilina, La guerra de Yugurta* y una *Historia de Roma desde la muerte de Sila*. Max Aub lo trae a colación por el apellido familiar Crispo.

[23] Augusto: Cayo Julio César Octaviano, primer emperador de los romanos, nacido el 63 a.C. o, según otros, hijo de Cayo Octaviano y sobrino de César, el cual lo adoptó y lo declaró su heredero. Aquí lo trae Max Aub en tanto que fue protector de las artes y las letras, especialmente con Horacio, Ovidio y Virgilio.

A OVIDIO

Ved, César, adónde llega
la maldad de mi enemigo:
habla bien de mí.

INSCRIPCIÓN EN EL MURO DE SU CELDA

Mientras yo viva, César, vivirás.
Mientras yo viva, César, tendré esperanza de acabar
/con todos mis enemigos.

No puedes decir lo mismo. Sólo mi odio y mis versos
son capaces de mantenerte vivo —tú, el último de ellos—.
Si me mandas asesinar acabaré contigo
haciendo de mentira verdad.

Escoge, oh César, todavía es de noche.

DE LA NECESIDAD DE LA ESCRITURA

¿Cómo podría
venir a regocijarme

si no estuviese tu nombre
escrito sobre tu tumba?

Mas cada noche vengo con cincel
a borrar una letra de tu estela.
Cuando me muera nadie se acordará de ti:
te buscarán en vano si te buscan…
Nada quedará.

Por no correr el riesgo de que alguno
de tus hijos tus restos encuentre,
órdenes doy de quemar
esto conmigo.
Será la primera vez
que dormiremos en paz.

CSTE YUAN WU

Vivió bajo la dinastía Ts'in, en el siglo III. Fue perseguido, murió joven.

EL ÁRBOL

El hombre anda y vuelve,
pronto muere.
El árbol no se mueve,
permanece.

Algunas noches, si no me deseas,
árbol quisiera ser,
notar el viento en mis ramas,
al no sentir temblar tu tronco
entre mis brazos.

CÍRCULO

¿Qué me das tú
que las demás
no pueden darme
a pesar de su empeño?

Tú lo eres todo,
mañana, tarde y noche:
amanecer.

Tú lo eres todo,
semilla, flor y fruto,
junto y revuelto.

En ti me quiero,
en mí te quieres,
me quieres y te quiero.

Multiplicada,
me multiplicas,
luna, estrella, universo.

En suave movimiento,
oh, centro de mi centro,
a ti me vuelvo.

PARAÍSO PERDIDO[24]

Cuando me abandonaste
heriste al mundo
de mala muerte:
las ramas, raíces;
secos, los sauces;

---

[24] Tanto el título como el tema evidencian ecos miltonianos.

lo vivo, tan desierto
que nada es lo que fue.

Sólo yo sigo siendo el mismo
amándote desesperado.

TEODORO BAR ADDAI

(247-272)

Heterodoxo maniqueo[25], no es extraño que sus escritos carezcan de originalidad ya que los de su maestro querían ser conciliación de religiones anteriores. Escribió en arameo. Tomó este texto de san Agustín[26].

SALMO III

El tiempo existe
ya desde siempre.
Vamos pasando,
hitos famosos,
a su través.

---

[25] El maniqueísmo admitía dos principios, uno para el bien y otro para el mal. El fundador de este pensamiento fue Maniqueo (Manes o Manetos o Manichæus: 215/216-276) en el siglo III, quien publicó un nuevo evangelio en el año 242, en Gundesapor.

[26] San Agustín (354-430), atraído por las predicaciones de san Ambrosio durante su estancia en Milán abjuró del maniqueísmo y se convirtió a la religión cristiana (387), recibió órdenes cristianas (391) y sucedió a Valerio en la silla episcopal de Hipona (396). Teólogo, filósofo y moralista de obra copiosa; entre sus libros destaca *La ciudad de Dios*, *Confesiones*, *Tratado de la Gracia* y el *Tratado del libre albedrío*.

Oh tiempo, oh mar,
vamos nadando
hasta no poder más,
todos ahogados
al fin y al cabo
el tiempo permanece quieto.

Mientras el mar inmóvil permanece
existe el tiempo.
El viento lo inventó el hombre.
Sólo el tiempo existe.
Inventó el hombre el viento.
No sirve,
y si no: mide
lo que eres, viento,
y lo que fuiste,
lo que serás.

Un hombre llora, allá abajo, en el abismo.
Un niño toca su flauta en la noche.
Los demonios me muerden, hieren, hacen pedazos.
Todo es dolor y muerte.

¡Libérame[27] de estas tinieblas!

---

[27] «Liberame, domine, de morte aeternam», dice Verdi en su *Requiem*, inspirado en el salmo L, 16: «Libera me de sanginibus...» (*Vulgata*, L, 16), y también en la repetida fórmula «Libera nos, domine» que se canta en la conmemoración de los difuntos y que además repite el pueblo como respuesta a ciertas rogativas. Además, la petición que lanza el sujeto poético se relaciona con el zoroastrismo, cuyo significado, según Zoroastro, gira en torno a la liberación de las tinieblas en favor del dios de la luz.

DE UN PROSISTA MANIQUEO

(Siglo III)

Jesús puso de pie a Adán,
le dio a probar del árbol de la vida.
Adán le miró llorando,
y se arrancó los cabellos, y se golpeó el pecho,
rugió como un león en celo
clamando: ¡Maldición sobre el creador
de mi cuerpo y el que a él ligó mi alma
y los rebeldes que me redujeron
a lo que soy y seré!
Porque Adán era bueno. (bis.)

DE UNOS HIMNOS COPTOS[28]
(MANIQUEOS)

(¿SIGLO III, SIGLO IV?)

XVII

Si lo único que tienes seguro, por nacer, es
                        / morir: ocúpate de otra cosa mientras vivas.
De la muerte ¿para qué? La tienes segura,
                              / tuya desde el primer grito.
Poco o mucho cada noche descansas en ella a tu gusto.

Hagas lo que hagas, más tuya que la amada, más
                        / tuya que el poema, más tuya que el corazón,
más tuya que nada, nadie te la quitará.

Tu muerte eres tú.
Sé desprendido, pues, ocúpate de los demás, sé bueno.
Ni los verdugos tienen, dándola, más muerte que su muerte.

---

[28] Copto: cristiano egipcio. Su origen se halla en los árabes cuando al mediar el siglo VII fueron a Egipto y dieron el nombre de coptos a los indígenas que permanecieron fieles al cristianismo. La mayoría dejaron el cristianismo para abrazar la doctrina del heresiarca Eutiques, archimandrita de un monasterio de Constantinopla, el cual afirmaba que en Jesucristo sólo la naturaleza divina. Aquí Max Aub sitúa el poema en el siglo III o IV, compatible con el carácter maniqueo y, aunque

XXIII

¿Qué me puede importar saber cómo, de qué,
                              / cuándo se hizo el mundo?

Cuentan cómo los hombres creyeron que se creó,
como si me importara saber cómo, cuándo,
                              / de qué estás hecha,
cuando lo que importa es tu peso en mis manos,
                              / cómo respiras y te respiro.
No me importa la historia sino el paraíso.

Cuando penetro en él me creas, creo
                    /en el único mundo que celebro.

Todo es perfecto: el bien y el mal,
si dejaran de serlo la noche sería inacabable.
¡Y Zoroastro[29] nos libre de los nominalistas![30]

---

la designación copto no existía, es de pensar que sí se daba esta diferencia que, en definitiva, conserva el carácter del Cristianismo.

[29] Zoroastro (Zaratrustra), legislador iraní fundador de la religión llamada *zoroastrismo* o *mazdeísmo*. Según la leyenda recibió revelaciones del
gran dios Ahura Mazda y en el *Avesta* se dice que salió triunfante del ma-
ligno, dando a su misión el significado de una lucha contra el poder de
las tinieblas en favor del dios de la luz. También Valle-Inclán relaciona la
luz con uno de sus personajes más emblemáticos: el Max Estrella (máxima luz) de *Luces de Bohemia*. Si los poemas se declaran maniqueos, la
alusión al *mazdeísmo* está, pues, más que justificada.

[30] Los nominalistas, Occam al frente, basándose en las discusiones sobre

Y ¿quién no sabe desde que se sabe
que sólo del no-ser puede nacer el ser?

Cada noche nazco de tu costado.
¿Qué me puede importar saber de qué
/ ni cuándo se hizo el mundo?

---

los universales afirmaban que las especies y los géneros y, en general «los
universales, no son realidades anteriores a las cosas, como sostenía el realismo, ni realidades en las cosas, como el conceptualismo, sino que son
solamente nombres, términos o vocablos por medio de los cuales se de-
signan colecciones de individuos. (José Ferrater Mora, *Diccionario de
Filosofía*). Aunque a los nominalistas se opusieron a los realistas, como
San Anselmo, Max Aub les enfrenta a los mazdeístas seguidores de Zoroastro
que sí creían en un dios de la luz.

CAYO VALERIO MÁXIMO

(327-401)

Sólo quisiera encontrarme con uno
de esos sucios cristianos
    para preguntarle por qué su Dios
creó el mundo, como dicen,
    limpio, perfecto, derecho, claro,
y mudo.
Seguramente fue un capricho femenino
porque sería peor que no fuese sino
un imitador de Narciso.
    Si alguien —uno— creó el mundo
—según esos hediondos—
    no pudo ser sino la serpiente y
—otra vez— la Madre.
    Porque si el mundo fuese lo que
ese gran Sabio moldeó
    nadie viviría en él, ni tú, amigo
Flaco, ni yo.
    Adán y Eva inmortales, intocados
se hubiesen pasado el tiempo
adorando a ese remedo de Zeus[31]
a esa copia vil de Júpiter[32].

---

[31] Zeus. Padre de los dioses del Olimpo.
[32] Júpiter. La más importante de las divinidades latinas, asimilada a Zeus.

Según los cristianos, pues, amigo
Flaco, la base del mundo es el mal,
lo que tal vez no es tan
absurdo si creo las noticias
    que de Roma me traen nuestros
caros Rufus Malatio y Cayo Varo.
    Por aquí las frutas maduran
y los ríos bajan ya de los montes.
    Lo cual no podía suceder en el
Paraíso terrestre.
    Corre una liebre y me anuncian
la visita de Porcia Valeria.
    Que Júpiter, a falta de algo mejor,
te siga protegiendo
    para mayor felicidad de
los romanos.
    Si su Dios no es bifronte ¿quién creó
el mal?
    ¿La serpiente o la Madre? ¿La Madre
o la serpiente?
    Presiento graves males para el Impe—
rio romano
    porque ya será fácil achacarle al
Ángel caído lo que antes costaba la vida.
    Presiento, Flaco Annio, un mundo
de cobardes descansados en el cielo.

Noviembre 29, 1955

PUBLIO NERVO

(335-381)

Famoso pederasta romano. Según Agustín Miralles Car-lo[33], fue amigo de Décimo Magno Ausonio[34], maestro del emperador Graciano[35]. Versificador fácil, lleno de reminis-cencias clásicas. Este epigrama, así parezca mentira, se con-serva gracias a la correspondencia de su amigo con Paulino de Nola[36], y es bastante representativo de aquella época tur-bia en la que la mayoría de los letrados nacidos paganos mu-rieron, si no cristianamente, bautizados.

Cuando Dios echó a Adán y a Eva del Paraíso
creó el pecado entre seres
de condición distinta.

---

[33] Max Aub apunta como autoridad al destacado académico y paleó-grafo Agustín Miralles Carlos.
[34] Décimo Máximo Ausonio, poeta y retórico romano nacido en Burdigala (Burdeos). Fundó una escuela retórica y fue preceptor de Graciano. Su conversión al cristianismo no se refleja en sus escritos, como señala también Max Aub en la glosa del poeta romano antolo-gado.
[35] Graciano (351-383). Emperador romano de Occidente, hijo y su-cesor de Valentino I.
[36] San Paulino (353-431), obispo de Nola. Como Ausonio, nació también en Burdeos.

¡Impura maldición eterna!
¡Yo estoy limpio, Señor!
¡Acógeme en tu amante seno!

NAHUM BEN GAMLIEL

(350-395)

Tras el cisma cristiano y la ruina del Estado judío y del Templo, los Doctores se propusieron perpetuar su religión, pero pulularon los heterodoxos; entre ellos Nahum Ben Gamliel tuvo importancia, pero permaneció en el olvido por odio de los talmudistas[37], tanto los de Jerusalén como de los de Babilonia.

Dice el Sanedrín[38], y miente:
«¿Por qué Dios no formó sino un hombre?
Por el interés de la concordia y porque ningún hombre
/ pueda decir de otro: Soy de raza más noble que tú. Un solo hombre fue creado en el origen del mundo, y fue para enseñarnos que cualquiera que atenta a la vida de un solo

---

[37] Talmud. Libro de los judíos, compilación de preceptos enseñados por sus doctores en el cual se contiene la tradición doctrinas y ceremonias que han de observarse rigurosamente. Fue compuesto tras la destrucción de Jerusalem. La alusión a Babilonia y a Jerusalem alude a la dispersión del pueblo judío.

[38] El Sanedrín es el consejo de los judíos en que se juzgaban los asuntos de estado y de religión. Como se observa en los Evangelios (*Mateo*, 27, 1-2; *Marcos*, 19,9; *Lucas*, 22, 66-71), el Sanedrín desempeñó un gran papel en el proceso y muerte de Jesús.

hombre comete un acto tan grave como si hubiese destrui-
do todo el género humano; por otra parte, el que contribu-
ye a la salvación de un solo hombre tiene tanto mérito como si hubiese salvado todo el género humano».

Dice el Sanedrín, y miente.
Porque yo te salvé.

SUBANDHU

(Siglo VII)

Poeta persa que, aunque parezca extraño, escribió en sánscrito. Doy una versión de la alemana de Heinrich von Baumgartner[39].

DE LA AMADA AL AMADO[40]

Lo primero que recuerdo de ti son las manos. No tus manos en sí —que no sé siquiera si son hermosas o feas— sino

---

[39] Heinrich von Baumgartner. No encuentro referencias de este autor, pero es curioso que el poema recuerde a otro Heinrich, a Heine, muy seguido por Max Aub, y a su Libro de los *Cantares*, inspirado en el *Cantar de los Cantares del rey Salomón*. Max Aub vivía en París al lado de la que fuera casa de Heine. Sobre el poeta alemán y el tema que aquí se trata -sobre todo en el segundo poema- dice Max Aub: «La mujer que canta Heine y, por ende, el amor, es la mujer y el amor de nuestro tiempo, no la heroína de las novelas lacrimosas que había puesto de moda Inglaterra, ni la discreta de las comedias de Lope, ni la Laura de Petrarca. Si algún antecedente tiene sería la moza del Arcipreste de Hita, tan siempre. No es Melibea, ni Dulcinea, ni la Fedra de Racine, ni la Carlota de Werther. Es la Sulamita del viejo *Cantar de los Cantares*, del cual toma el título, para describirla a su manera, tal vez no tan distinta de la que fue de Salomón». *Pruebas, op. cit., pág.* 22.
[40] No se oculta en los textos el parecido con los versos de San Juan de la Cruz.

tus manos en mí, tus manos sobre mí. Su marca huidiza, corredora, alucinante, como sombras de pájaros en vuelo. Tus manos en mis manos como palomas, en mis brazos como peces, en mi cintura como lianas, en mis espaldas como chorro de agua recién nacida, en mis muslos como serpientes. Tus manos por todo mi cuerpo, como mar. Tus manos sobre mí, corriendo, recorriendo, formando mi epidermis, formándome, dándome contenido: haciéndome mundo.

Hasta que me tocaste, no fui yo la que soy ahora.

¿Nueva? No: otra. Me hiciste por el tacto, de perfil y de frente. Desde el primer momento en que rozaste mi cabeza con tus manos, al descuido. Lo recuerdo como si fuese ahora mismo: estaba sentada en el suelo, pasaste tu mano por mi pelo y se estremeció mi tronco como si le azotara un viento nuevo.

Me estremecí. Cada vez que recuerdo tus manos me estremezco. Me inmuto. Ardo con sólo recordar tus manos, mi vida, conmovida.

lo que siento, lo que me recorre cuando me tocan tus manos no tiene nombre. Ni escalofrío ni estremecimiento, ni temblor; conmoción tal vez. Ni lo sé ni lo sabré: vibro, me espeluzno, centelleo, titilo trémula.

Ondulo, me cimbro, nueva, otra. Me das movimiento.

Escribo «trémula» y quizá por ese sendero podría hallar las palabras que reflejaran lo que me hacen sentir tus manos en mi cuerpo. Pero no es temblor lo que siento cuando voy a temblar, temblar sin miedo, con gusto profundo. Soy yo, del otro lado.

Me alteras, me conmueves. Sí, está bien dicho: tus manos, me conmueven, me sobresaltan, me quebrantan abriéndome, haciendo salir de mis entresijos el musgo del placer más escondido.

Me estremeces: me meces, me entre —meces—.

Dentro.

Tus manos me acunan, me enternecen, me mueven, sirenas, me alan.

Me ablandan tus manos tiernas endureciéndome, me desmenuzan dándome unidad. Me cierran en ti, abriéndome a la mar.

Me transportan, contrarias al milagro, milagro ellas mismas, haciéndome, dándome lo que nadie me dio.

DEL AMADO A LA AMADA

Lo que quería en tus brazos era morir, no pasar adelante, sin nada más que desear.

Cuando tenía entre mis brazos, completamente cercado, tu torso fino y duro, en mí tus pechos duros y blandos, no podía pensar en alcanzar más lejos, llegado al fin de mis sentidos, en el borde mismo de lo posible, en la frontera de mis deseos. Más allá, tal vez otro país, mas para descubrirlo hubiese debido ser otro. Lo intenté, sin resultado. Desnudo, sin nada, lo poseía todo.

Por tu boca me hundía en lo mejor soñado, para reencontrarme como nunca fui.

Nada hay que deseara que no tuvieras; nada que quisiera que no me dieras.

Para apoyarme en algo tenía que inventar perderte.

Todo era tuyo: el tiempo, el pensamiento, el recuerdo —trizas el futuro—, la dulzura, la posesión y la entrega —de pronto sinónimos—, las flores, la yerba, la tierra, el sol, las estrellas, el agua estancada y la que corre salvaje o suave. La luna y todo lo que han dicho sobre el tiempo, el pensamiento, el recuerdo, el futuro. Tú: esplendor y oscuridad.

Eras mi juventud y mi madurez; capullo, flor, fruto y se-milla de consumo, entreverados y sucesivamente; tierra que araba, sembrada y cosechaba a la vez y sucesivamente, sin sa-ber dónde empezaba, sin fin.

¡Quién hubiera podido guardarte eternamente para echarte cada mañana renovada a la mar, siempre igual y cambiada como tú, vuelta a mí en cada ola!

Te fuiste, y mi muerte se hizo vida, acíbar, dureza, piedra. Sábelo, traidora, a ver si mueres y tu cadáver profana la tie-rra. Porque donde te entierren todo se asolará.

triste retórica: ésta que ahora eres, allá en el norte, es la misma que fue. Te disfruta otro ¡oh mi semilla!

Nada deseaba en tus brazos, nada deseo ahora.

Pero hay más diferencia entre estas dos palabras idénticas que entre las cimas del Cáucaso y el largo curso del Kerkha.

IBN ABU HAKIN

(SIGLO VIII)

Siguió a Abu-Dschafer-al-Mansur[41] de la Mesopotamia a la India, en el primer siglo de la Hégira. Son conocidos varios de sus himnos de guerra.

A OKBA[42]

¿No es clamar al cielo
el pecado mayor?
¿No lo será aun para la injusticia
más notoria y flagrante?
Si en mis necesidades clamo a Alá
menos seré que el perro al que venzo.

¡Hacer, matar,
herir, crear
¡No pedir: dar!

---

[41] Almanzor (707-775). Califa abasida

[42] En la época en la que Max Aub enmarca este poema bélico existía un guerrero árabe llamado Okba Ben Nafi (*circa* siglo VII) que, nombrado lugarteniente de Egipto, conquistó los oasis de Fezán, penetró hasta Túnez y dilató sus dominios por el África hasta el Atlántico.

Gusanos, ¡que se arrastren los infieles!

¡Hacer, matar,
herir, crear!
¡No pedir: dar!

DEFINICIÓN DE LA HISTORIA

La historia, hija, es un cúmulo de desesperanzas, dudas, desengaños, intrigas, emboscadas, crímenes, daños, hecatombes, suplicios, tormentos, martirios, degollinas, linchamientos, venganzas, penas, prisiones, vergüenzas, autos de fe, fusilamientos, crucifixiones, bajezas, deslealtades, destierros, burlas, irreverencias, desórdenes, infidelidades, perfidias, alevosías, artificios, mala fe, tratos dobles y aun triples, perjurios, disimulos, mentiras, apostasías, traiciones, felonías, vilezas, malas partidas, asesinatos, estupros, injusticias, saqueos, robos, persecuciones, escombros que produjeron esto que ves: albricias, suaves encantos, dulces presencias, altísimos placeres, dorado vino, manjares gustosos, música prodigiosa, muelles alfombras, delicados perfumes, poesías espléndidas, miniaturas de colores inigualables, jardines frondosos, telas tan suaves como tus pechos, tu boca: sueño y sueños.
¡Oh maravilla de maravillas!

FU-PO

(801-?)

Nació en Ssê-ch'van. No se sabe dónde ni cuando murió. Es extraño que no fuera apreciado ni de la dinastía T'ang ni de Mao Tse-Tung. Es de sentir[43].

CANCIÓN DE AMOR Y ENVIDIA

El tiempo ha sido muchas veces comparado al agua, la preferían los poetas y los profetas al aire o al fuego (de la tierra no se hablaba). El agua se ve correr, no el viento, que necesita del polvo, y las llamas desaparecen demasiado pronto. La tierra es inmóvil. Sin embargo, los poetas debieran preferirla y a las raíces que la atraviesan y que representan mejor el tiempo que el agua del río, grande o pequeño, y no debieran olvidar que el fuego forja la vida y que el agua es demasiado fría y está muerta y corre sólo por su propio peso y

---

[43] Max Aub sugiere que el arte de Fu-Po no fue valorado ni por los amantes de la poesía tradicional, que alcanzó gran esplendor artístico durante la dinastía Tang (618-907), la tercera china y contemporánea del autor antologado, ni tampoco fue estimado por los amantes de la poesía social y revolucionaria, encabezada por el líder comunista Mao-Tse-Tung (hoy se prefiere escribir Mao Zedong).

que las llamas suben hasta el cielo. El viento doblega árboles e hincha las velas, aunque apague candelas y sea tan capaz, o más, de destruir como el agua, la tierra o el fuego, y es el único que se pasea con libertad donde la parece mejor. El tiempo, en cambio, tiene una sola dirección y cae de su propio peso y es incapaz de rebelarse contra el sol, como lo hace el viento, que puede oscurecerlo. ¡Ojalá el tiempo fuera como el viento y yo pudiera ser joven, otra vez, como tú!

(Adviértase en la traducción la dificultad del idioma original. No oculto que me apoyé en la versión inglesa de mi amigo Alistair Reid[44].)

---

[44] Respecto a la amistad con Alistair Reid, ver la correspondencia mantenida entre ambos, desde 1963 a 1971, en el *Epistolario* conservado en el Archivo Max Aub de Segorbe (*Leg.* 15-5: 16 cartas de Max Aub y 13 de Alistair Reid). En *Imposible Sinaí* también cita a su amigo para justificar la elección de unos poemas: «No tomo parte; sólo escojo para su publicación -con ayuda de Alastair <*sic*> Reid- los que me parecieron más característicos.» (Barcelona, Seix Barral, 1982; *pág.* 7).

TI KAPPUR MAITILI

(¿Siglo ix?)

A mediados del siglo pasado, un misionero, Bourry[45], tradujo del bodskad[46], el idioma monosilábico más extendido del Tibet, esta curiosa historia, basada sin duda en un hecho cierto. ¿Del reinado de Guyan-Ctsan[47], de Lha-tho-thori, lo que situaría la acción a mediados del siglo v de la era vulgar? De Ti Kappur Maitili sólo queda el nombre sin que se sepa a ciencia cierta —¿hay alguna?— si corresponde al autor de lo que sigue.

---

[45] Ante la fuerza de la organización teocrática del Tibet, es fácil comprender por qué los misioneros católicos han hecho tantos esfuerzos para establecerse en el Tibet. El 1 de setiembre de 1845, los misioneros Krick y Bourry murieron asesinados por los abors al penetrar en el Tibet desde Assam por el País de los Mishmis.

[46] El bod-skad, como llaman los tibetanos a su lengua, comprende, además del chos-skad o lengua literaria, dos dialectos principales: el de Jam, hablado al este, y el de Gnari-Jorsum, en el oeste.

[47] Hacia el año 461 de la era vulgar se encuentra el nombre de rey Guyan-btsan del país de Lha-tho-tho-tho-ri (montones de piedras), nombre que parece ser la traducción del Tshih-shih (piedras amontonadas), lo que indica que este rey lo fue también de la tribu tártara Fanni-Tu-Bat. Durante su reinado el primer objeto budista fue introducido en el Tibet por Nepal.

LAS DIFERENCIAS

El sol, ignorando si saldrá mañana,
trabaja cuanto puede desde que amanece.
Los hombres trabajan como si estuvieran seguros
de trabajar mañana.

Ésta es la diferencia.

Cuando morimos ¿vamos hacia el sol o
/ hacia la entraña negra de la tierra?
Sólo sabemos que entonces no podremos
escoger los brazos que nos acogerán.

Y ésta es la gran diferencia.

¿Quién se acuerda del rocío de ayer?
Si yo lo hubiera cantado, oh rey, se acordarían de él.
Concédeme el favor que te pedí
—que nada te ha de costar—;
a cambio te ofrezco el eterno recuerdo de la Historia
nombrando a todos tus antepasados.

Y ésta es la pequeña diferencia.

El rey, al recibir la súplica de Ti Kappur Maitili, le hizo llegar a su presencia para preguntarle si, ya que sabía tanto del futuro, le podía profetizar la fecha de su muerte. Ti Kappur Maitili improvisó la siguiente respuesta:

¿Crees que un árbol sabe cuántas hojas tiene?
¿Crees que un árbol sabe cuándo nacen,
/ cuánto tardan en caérsele?
Si no sabe el árbol cuánto tarda en quedar desnudo,
¿cómo quieres saber lo que tardarás en morir?

Dice la leyenda que el rey le contestó:

—Esta es la diferencia entre tú y yo.

Y lo mandó ajusticiar a la mañana siguiente[48].

---

[48] El final de este poeta es similar al de la «Parábola del Palacio» de Jorge Luis Borges, incluido en *El Hacedor*.

AZZOBAL

(¿902-980?)

Amiga de la princesa Walada[49], bisnieta de Abd ar-Rahman III[50], a la que debió servir de consejera por la diferencia de edad.

Me echáis en cara mis amantes jóvenes,
no comprendéis, oh ignorantes,
que sigo siendo fiel a Abén Crispín,
a aquél su espléndido vigor;
que cuando me posee un ágil árabe
es el mejor recuerdo que yo puedo

---

[49] El poeta Abú-l-Walid Ibn Zaidum al-Majzumí, de la tribu Majzum, que nació en Córdoba el año 1003 -394 de la hégira-, escribió la famosa *Casida en num* en la que canta los amores de la princesa Walada, hija de Mustakfí, califa umaiya. La historia de amor entre el poeta y la princesa, parte de la cual se recoge en *Las mil noches y una noche*, pertenece al patrimonio cultural. Walada no correspondió al poeta y éste, enfadado, la desprestigió en sus versos; pero la princesa le contestó «llevas por mal nombre el hexágono, y lo llevarás de por vida / pues eres: sodomita, adúltero, seductor, ladrón y cabrón». El poema que aquí antologa Max Aub es también la historia de un despecho.

[50] Abd ar-Rahman: Abd-al-Rahmán o Abderramán, octavo emir omeya y primer califa de Córdoba. Construyó la escuela de Medina-al-Zahra.

dedicar a su imperecedera gloria.
Los años sólo pasan para ti,
viejo antes de nacer, Abén[51] Tofail.

---

[51] Existe un médico, filósofo, matemático y poeta de este nombre, Abu
Beker Ben Abd-el-Melek Ben Tofaïl, más conocido como Aben Tofail, natural de Guadix, contemporáneo de Averroes (520-1126) y discípulo de
Avemplace. Las teorías difundidas por él entran en el panteísmo místico
Sámblico y de Proclo. Algunos opinan que Ramón Llull se inspiró en él al
escribir alguna de sus ficciones. Entre sus obras destacan *Expugnación de
Cafza en África y Risala o epístola de Hziy Aben Yokdan*. Max Aub (*Historia
de la Literatura*, Madrid, Akal, 1974; *pág*. 352) señala cierto parecido entre *El filósofo autodidacto* de Abentofail y *El Criticón* de Gracián.

IBN BAKR

(1001-1072)

Nació en Granada y murió en Almería. Sólo se conocen de él poesías sueltas que Slane[52] menciona en papeles todavía inéditos(1). Este poema desolador debió de ser escrito en la vejez (metro Wafir. Rima T.A.)

Si puedo hacer el mal, ¿por qué no lo hago?
No digas que no me conviene,
no me convencerás de ello.
Si puedo hacer el mal igual que el bien,
y me abstengo de ello
es porque me conviene.

Sí, Atahiya, éste es el triste resultado de mi meditación:
no hago el mal por miedo de perder el bien de la otra vida
ni hago el bien más que para ganar la benevolencia
                    / de los que viven a mi alrededor.

---

[52] Guillermo Mac-Guekin, barón de Slane, orientalista y erudito francés (principios del XIX-1865), profesor de árabe en la Escuela Especial de Lenguas Orientales de París y miembro de la Academia de Inscripciones. Publicó *Diván de Amro'lkois* y tradujo los *Prolegómenos* de Ibn Khaldum. Max Aub cita a Slane en *Subversiones*, Madrid, Helios, 1971, *pág.* 14.

Sólo hago el bien o el mal porque me conviene,
por que estoy tan triste y no hay ninguna mujer
—por hermosa que sea—
que alegre mi corazón.
Si no hubiera otro mundo
¿que sería de mí?

(1)París, Bibliothèque Nationale, M.S. BK 242/496.

DE UN POETA DE LA CORTE
DEL REY MUÑJA

(SIGLO XI)

Los hombres aman siempre
la misma mujer.
Los poetas escriben siempre
el mismo poema.
Por eso hubo siempre tantos errores.

RAMÓN DE PERPIÑÁ

(1081-1116)

Estuvo en la corte de Berenguer Ramón II[53]. No lo estudia Milá[54] en su excelente libro *De los trovadores provenzales en España*. No creo que pueda caber ya duda a nadie de la influencia árabe en la literatura provenzal, mas, por si acaso, traduzco esta muestra de la primitiva lírica de la lengua de oc.

(¿Recordaría Miguel de Unamuno este poema cuando escribió «Veré por ti»[55]? La indiferencia de don Miguel hacia

---

[53] Berenguer Ramón II, conde de Barcelona, que heredó el poder con su hermano Ramón Berenguer, Cap d'Estopa. La ambición de Berenguer Ramón le llevó a mandar el asesinato de su hermano.

[54] Manuel Milá y Fontanals, catedrático de literatura española de la Universitat de Barcelona, primer provenzalista en España durante el siglo XIX. Entre sus obras más notables destaca *De los trovadores en España*, publicada en 1861.

[55] El poema que cita Max Aub se encuentra en Miguel de Unamuno, *Poesías*, 1907. En efecto el poema unamuniano habla de una ciega y en alguna estrofa guarda cierto parecido. Según Antonio Carreño (*La dialéctica de la identidad en la poesía contemporánea. La persona. La máscara.* Madrid, Gredos, 1982a; *pág.* 208; y *Antología Traducida* de Max Aub: «la representación alegórica de la máscara», *Actas VII Congreso Internacional de Hispanistas*, Venecia 1982b, *pág.* 287. «El poeta viene a ser en el poema de Unamuno, simbólico lazarillo en su camino hacia «lo que es hoy esperanza». Sus sentidos, íntimamente incorporados, le sirven de ayuda recíproca: «mis ojos son para ti la prenda / de un caminar seguro». La misma función se le concede en el poema de Aub. En «Ciego» comparte éste con el acompañante una geografía espacial: «¡Ay, ciego de ti,

la poesía de este tipo aconseja lo contrario. Él ve, sin que, en el fondo, le importe que la otra le diga: estoy ciega.)

CIEGO

¡Ay, ciego de ti, ciego,
tu cintura mi tronco,
tu pecho mi desierto,
tus piernas mi alameda,
tu vientre mi mar muerto!
Vaivén lento del mar
¡Y tu cabello negro!

¡Ay, ciego de ti, ciego,
a través de ti veo!
Tu frente día, tus labios cielo.

Mas cuando se hace de día…

---

ciego, / A través de ti veo!» (*vv.* 8-9). La constitución anatómica del uno le confiere una correspondencia espacial al otro: «tu cintura, mi tronco, / tu pecho mi desierto, / tus piernas mi alameda, / tu vientre mi mar muerto» (*vv.* 2-5).»

ANÓNIMO

(Siglo XII o XIII)

Fragmento de un poema épico húngaro, descubierto en 1912 en la Biblioteca Municipal de Budapest.

Bajaron hacia la ciudad,
la tomaron y asolaron.
Mientras quedaron gemidos
no pararon de matar.
Luego cabalgaron hacia Ur.
El señor iba delante,
le seguían los demás
todavía entre las llamas.

El señor iba delante
llevándolas en los ojos.

JOSEF IBN ZAKKARIYA[56]

(1124-¿1180?)

Nació en Zaragoza, de conocida familia judía y fue padre o abuelo del famoso cabalista[57] del mismo apellido que quiso, en tiempo, convertir al papa Nicolás III[58]. Dentro de los lugares comunes remiro cierta influencia musulmana, no de extrañar en aquel tiempo.

---

[56] Dos poetas llevan este apellido Abn Zakkariya ben Hamina, incluido entre interrogantes por José-María Millán Vallicrosa (*Poesía sagrada hebraicoespañola*, Madrid, 1949; *pág.* 37) como cordobés. El mismo autor cita también a Abu Zakkariya Yehudá Ibn Mar Abbún que, bajo el nombre de Abún (*Op. cit., pág.* 88) escribió algunas poesías y es citado por Yehudá Ha-Leví en su *Diwán* (*Vid.* la edición de Brody: I, 88 y II, 222). En Zaragoza existió, de nombre parecido, un Abu Zacarías, escritor musulmán al que se debe una *Historia de España*.

[57] Cábala: entre los judíos, tradición oral que interpretaba las Sagradas Escrituras y fijaba su sentido. Las interpretaciones se basaban en anagramas, transposiciones y combinaciones de letras hebreas; de ahí que la palabra haya pasado a significar conjetura o suposición.

[58] Juan Cayetano Orsini, Nicolás III, papa de 1277 a 1280 que, además de preocuparse por las tareas eclesiásticas, ejerció el nepotismo y enriqueció a su familia y amigos; tenía en mente nombrar varios reyes entre sus familiares. Dante (*Divina Comedia*, Infierno, XIX) sitúa a Nicolás III en el infierno junto a los simoníacos:

> Sappi ch'io fui vestito del gran manto
> E veramente fui figliuol dell'orsa
> Cupido si, per avanzar gli orsatti
> Che su l'avere e qui me misi in borsa.

SALOMA[59] XIX

Si estás decidido a la verdad, sólo puedes alzar la tuya; esto engendra muchos males —grandes a veces, pequeños casi siempre—.

Porque para ti puede ser noche lo que sólo es un eclipse. Nadie te lo probará y será tu verdad mentira.

Y el llanto sólo es remedio de mujeres.

TESTAMENTO

Tiéndanme en tierra
con los ojos abiertos,
que pueda ver las nubes
corriendo por el cielo.

Y que me dore el sol
y que me cubra el viento.

En la muerte del papa, ocasionada por un ataque de apoplejía que le derrumbó en cinco días, no fueron pocos los que vieron un castigo divino por su afición a la política y al dinero.

[59] Saloma: son cadencioso con el que los marineros y otros operarios suelen acompañar sus faenas.

Dejad las alimañas
blanquear mi esqueleto.
Dejadme ver las nubes
que no alcancé despierto.

Dejadme cara al cielo
con los ojos abiertos.
Partid tranquilos:
mayores órbitas
me abrirán los brillantes cuervos.
No os preocupéis:
veré más nubes y más cielo.

PERE PORFIAT

(1148-1173)

Nació en Perpignan; murió ajusticiado, con razón, en Marsella. Aventurero, desvergonzado, amenizó la corte de Raimundo IV de Tolosa[60], se burló de la pasión de Jaufré Rudel[61] por su famosa «princesa lejana». La canción aquí traducida tal vez se refiera al conocido poema del príncipe Blaia:

Dieus que fetz tot quant bé mi vai...

Si, siguiendo tradiciones muy clásicas, el corazón de Guillermo de Cabestany (1162-1197)[62] fue —es un decir— co-

---

[60] Raimundo IV de Tolosa, conde de Tolosa, que sucedió a su hermano Guillermo IV, y que, el año 1100, al frente de 200.000 cruzados, fue derrotado por los sarracenos. Murió en el cerco de Trípoli.

[61] Jaufré Rudel, trovador francés del siglo XII, príncipe de Blaye. Tomó parte en la Cruzada de 1147 porque se enamoró, sin haberla visto jamás, de la princesa de Trípoli. Gastón París ha demostrado que esta historia es legendaria y se inspira en uno de sus poemas en el que canta al «amor lejano». Esta leyenda ha sido aprovechada por Uhland, Heine, Swinburne, Carducci y Rostand (*La princesse lointaine*). Tal vez Max Aub conoció la leyenda a través de Heine, poeta que tanto ha influido en la poesía aubiana.

[62] Según las relaciones trovadorescas, el vengador de Guillem de Cabestany fue «lo rei Anfós» i la dama «Margarida». La fama de este suceso hizo que fuera citado por Petrarca (*Triumphus Cupidinis*, IV, 53-54) y Boccaccio (*Decamerón*, IX, 4). Modernamente la leyenda de Guillem de Cabestany se recoge en la trama de la novela de Manuel Mújica Lainez *El unicornio* (Barcelona, Seix Barral, 1980).

mido por su amante por maquinación del esposo de ésta, la mano derecha de Pere Porfiat fue echada a los cerdos por decisión de un eclesiástico cuyo nombre se ha perdido.

Si tuviéramos alma
¿por qué dormir?
Si tuviéramos alma
¿para qué amar?
Si tuviéramos alma
¿por qué morir?

PEDRO DALLE VIGNE[63]

(¿1196-1250?)

Reconozco que resulta aventurado atribuir este curioso poema al canciller Federico II[64] (desde luego uno de los hombres más extraordinarios de este fin de la Edad Media). ¿O será de su compañero Tadeo de Suessa[65]? Pedro dalle Vigne fue personaje conocido por el Concilio de Lyon[66], en 1245, al que asistió. La extraordinaria personalidad del Emperador —al que representaba—, su corte, espejo de lo que pudo ser España cien años antes, permiten, sin mayor daño para la verosimilitud, atribuir esta letanía a cualquier vasallo —cristiano, moro o judío— del verdugo de Gregorio IX[67].

---

[63] Personaje histórico -único junto a Max Aub- símbolo del intelectual enfrentado al poder. Pedro dalle Vigne (1190?-1245), poeta insigne de la escuela trovadoresca, fue acusado de traición y destituido de sus cargos. Se suicidó en la cárcel y Dante lo cita en *Infierno,* XIII, 32.

[64] Federico II, emperador de Alemania y rey de dos Sicilias. Consiguió negociar la restitución de Jerusalén con el sultán de Egipto.

[65] Tadeo de Suessa. Sin referencias.

[66] El primer Concilio de Lyon fue convocado por Inocencio IV en 1245 con el objeto de condenar la conducta del emperador Federico II, acusado de herejía, malos tratos a los obispos y diversos crímenes, y por todo ello fue excomulgado.

[67] Gregorio IX, cuyo nombre era Hugolino de Conti de Segui (1147-1241), papa de 1227 a 1241, tuvo que luchar con el emperador Federico II por no cumplir el tratado de san Germán. Las disputas entre ambos mandatarios constituyeron toda su relación, y a la muerte del papa el emperador lo celebró con términos poco decorosos. Por todo ello,

Bendito sea el mal, Señor, que permite el bien.
Benditos sean los males, Señor, que permiten
/ que asciendan al cielo los bienaventurados.
Benditos sean los bandidos, porque sin ellos
/ ¿cómo se conocerían a los que no lo son?
Benditos sean los peores, Señor, porque en el fondo
/ fueron los escogidos por Ti para salvar a los demás.
Benditos sean los imperfectos, los viciosos,
/ los desleales, los perversos, los despreciables, los inmorales.
Benditos sean los viles, los ruines, los
/ malignos, los ladrones.
Benditos sean los mentirosos, los
/ homosexuales, los pederastas, los afeminados, los invertidos, todos los que pecan contra la naturaleza y tus preceptos.
Benditas sean las mujeres.
Benditos sean los asesinos, los falsificadores, los falsos, los alevosos, los crueles, los envidiosos.
Porque si no fueran por ellos ¿cómo distinguirías a la honrada gente?(1)

(1)Este versículo parece añadido en el siglo XV.

Max Aub cita a Federico II como «verdugo de Gregorio IX». A pesar de las continuas refriegas con el emperador, tuvo tiempo para ejercitar su carácter eclesiástico y, entre otros hechos, levantó la prohibición sobre los libros de Aristóteles, encargó a Raimundo de Peñafort la reunión de las decretales publicadas hasta entonces, participó en el Concilio de Tolosa y confirmó la orden de la Merced fundada en Barcelona.

MOSE IBN BARUN

(1205-1270)

Nació y murió en Lucena. Zapatero y músico, de gran voz atenorada, famoso en las sinagogas de su ciudad y aun en Granada y Sevilla, donde le ofrecieron puestos de mayor lustre, que no aceptó. Escribió en árabe varias moaxajas, de las que sólo quedan las jarchas que traduzco del romance andaluz en que era costumbre escribirlas.

Yo le quería
madre, ya no me quiere.
Era de día.

¡Ay madre! ¿Qué haré?
La puerta está abierta
y no entra[69].

Madre, el campo está verde
y no me quiere.

---

[68] Esta jarcha está inspirada, sin duda, en otra de Yosef Ibn Saddiq. He aquí la prueba: «Qué faré mamma? Meu-l-habib est'ad yana» (¿Qué haré, madre? Mi amigo está a la puerta).

¡Las hogueras de San Juan![69]
¡Y no hay al!
Madre ¿qué hará?

Tú no sabes quién soy,
tampoco lo sé yo.

¿Quién viene por el camino?
Ella ¿quién si no?

---

[69] Aunque la poesía de tipo cancioneril incluye y desarrolla el tema de la noche de san Juan (v. gr. el *Romance del conde Arnaldos*), en la cincuentena de jarchas que se conservan no se hace mención de este asunto.

IBN BEN ALÍ

(¿1210?-1265)

De la tribu de los kelbidas[70], de Sicilia; poemas recogidos por un viajero granadino, a fines del siglo XIV.

II

Hoy has muerto. Ayer decías, no me lo niegues, no: que te gustaba yacer conmigo.

Nunca oí palabras que me estremecieran tanto. Nunca llegaron a mí palabras más placenteras. Tú me decías que te gustaba yacer conmigo.

Tenías el cuerpo más blanco que las sábanas del lino más fino aunque te gustaba hacerme padecer antes de darte por entero, creyendo que así sería más hermoso.

Hermosa: no era más hermoso, pero me solazaba ver que lo hacías creyendo que así me placía, más blanca que las sábanas del lino más fino.

---

[70] Quelbitas, de la antigua tribu árabe de Quelb, originaria de Túnez.

Tu triángulo oscuro era más suave que el trigal maduro y mi mano era el viento que lo inclinaba según mi capricho.

¡No me lo niegues, no! Tú me lo dijiste, alondra, paloma blanca, suave pájaro vivo, que alentabas hasta ayer entre mis brazos incansables de ti: que te gustaba yacer a mi lado.

Hoy has muerto en los brazos de tu señor; en ti la vida y la muerte. Cuando pasaste por el patio florido me miraste como si no me conocieras.

XI

CANCIÓN DEL ADÚLTERO

¿Cómo pueden unirse tierra y cielo, agua y aceite, piedra y fuego? Te deseo tanto que te penetra mi pensamiento.

Conserva el hombre con el cielo, bien supremo. Cuando te atravieso no es mi mástil el que te posee, sino mi recuerdo de tanto como te quiero.

Me conmuevo sobre tu cuerpo no con el mío, sino con mi pensamiento, de tanto como te quiero.

Estremecido me sobresalgo —suave terremoto— porque mi mente fornica con tu cuerpo. El deseo no es carne sino pensamiento. Te quiero como eres porque eres como te deseo.

Otra cosa sería si te quisiera como a otras quiero.

XIV

Me quedo absorto cuando pienso
que descansa el océano
tras de mi cráneo
y que tengo la Meca
frente a mis pies
y que dando la vuelta
trueco el Atlántico
por el santo lugar.

Lo mismo pasa, Zaida,
con la derecha
y su contrario.

Hechos que bastan, Zaida,
para que me contente
con tu centro profundo.

ABU ABD AL-JATIB TALIK

(1210-1283)

Poeta magrebino del que poco se sabe, como no sean fechas de su nacimiento y probable muerte. Ha sido estudiado con amor por Emilio García Gómez[71]. Tiene gracia epigramática muy de las épocas de decadencia, cierta ternura femenina y un gusto por lo popular que han convertido en refranes algunos versos suyos, v. gr.: Me quiere mi caballo porque le hablo, mi mujer, al contrario.

ZÉJEL XX

Cuando cojo tu seno
y bebo
doy gracias al vinatero
y al botellero
que hicieron el cielo
perfecto.

---

[71] Emilio García Gómez, arabista español, nacido en 1905, que estudió en la Universidad de al-Azhar de El Cairo y desarrolló su profesorado en las universidades de Granada y de Madrid. Máxima autoridad en poesía árabe y autor, entre otros, del libro *Poemas arábigo-andaluces* (1930). Curiosamente, el poeta más estudiado por Emilio García Gómez

CANCIÓN

Lo mejor es lo redondo
y cogerlo vivo en mano.
Me quiere mi caballo
porque le hablo.
Me quiere mi mujer
porque no le hablo.
Me quieren la palmera y el viento
porque les hablo y no les hablo.

---

fue Ben Quzmän. Estelle Irizarry observa que algunos versos del cancionero XX de Ben Quzmän pudieron servir de lema para la *Antología Traducida de* Max Aub. Los versos aludidos son los siguientes (*Todo Ben Quzmän*, tomo I, Madrid, Gredos, 1972; XX.):

No es una letra verdad lo que oyes,
y ojo, por Dios, con que puedes creerme,
aunque me parta por medio en jurarlo,
pues soy chancero, burlón, como sabes.

JACOBO DE PARMA[72]

(1236-1301)

¿Quién se interesa hoy por sus otrora famosos tratados de teología? Nadie como no sean los bibliófilos, por la fecha, los tipos, los blancos, los grabados de aquellos enormes infolios, impresos en Amberes a principios del siglo XVI.

Como su nombre lo indica, nació en Parma; murió en Venecia, desterrado, como era normal en aquél y tantos tiempos anteriores y posteriores. Sus pocos, juveniles, poemas de amor hicieron más por su fama que toda la ciencia que atesoró con la larga barba que fantásticos retratos y medallas nos han conservado.

LECCIONES DE COSAS

XVI

LA ESPALDA

Parte escondida, no por ello más preciosa. Si los pechos, lunas: sol la espalda. Gusta más con los años, que la experiencia no es ajena al gusto. Necesítase, para su cabal aprecio, conocimien-

---

[72] Este autor y sus poemas los recoge Max Aub en *Mis páginas mejores,* Madrid, Gredos, 1966; *págs.* 225-229.

to de causas. Equivocándose, suele darse más importancia a otros lugares. Una espalda, si es como debe, síntesis del mundo. Aun esplendidísima, no ostentosa. Para el entendido dice tanto como su parte contraria o más, que difícilmente puede mejorarse con engaños a los que hoy todas, más o menos, se someten vestidas.

Callejón de mil salidas por el que se puede rodear, andar, correr, rondar, vagar y divagar, ir y venir, volver y revolver con sorpresas siempre multiplicadas. ¿Dónde pueden deslizarse mejor las yemas de los dedos? ¿Dónde mayor campo abierto?[73] ¿Dónde tienen las manos tan blando prado donde entrenarse sin tropezar? ¿Dónde la boca menos obstáculos? Donde menos se piensa salta el escalofrío. Única solana donde se puede vagabundear y no al azar. Coto mayor, la espalda nunca fatiga. Maravillosa capacidad que, siendo tanta, deja lugar a todo lo demás. Terruño de envidia.

Los hombros, que la limitan al nordeste y noroeste, deben ser redondos, caídos en óvalos, llenos, suaves para que el descote —cuando se lleva— descanse en ellos sin esfuerzo, dando el realce carnoso preciso. La parte que cure los omóplatos ha de ser de buen meollo, no más abultado que lo necesario para que el gran canal que surca su centro se marque con claridad. Nace éste sensible e insensiblemente en el morrillo: gran lugar, dulce cerro de profundas raíces; en sus laderas y cumbre luce la luz como en parte alguna. No hay fruta comparable, tíñese allí, dorado, vello más suave que el de las mejillas. Combínase su blandura con la firmeza de la columna vertebral, que ahí tiene su asiento, envolviendo en lo mollar de su condición el duro bien que decanta de su fuente siempre tibia; auténtico amor de la lumbre. Lo resistente de su hueso meollo logran la combina-

---

[73] Si hay títulos emblemáticos en la obra aubiana son los *Campos*; así, por ejemplo: *Campo abierto* (México, Tezontle, 1951).

ción, tan difícil de alcanzar, de lo firme y lo blando, ejemplo de toda política, que dan a su norte, la importancia universal de que goza el cogote, principio del camino real, alameda prodigiosa que ningún bien nacido se cansa de recorrer.

Digo mal espalda o espaldas, que, de palabra, no llegan sino a la cintura. Voy más allá, anexándome la tan bien llamada y plantada región sacra. No tienen las espaldas la suerte que merecen: cargan motes, tan excelentes como otras partes que se tienen, faltando a la democracia, por más nobles. Viene a grupa, que dice tanto. ¿Por qué pontificaron que los últimos serían los primeros, sino por los traseros[74]?

¿Quién da, en esa heredad labrantía, paso en balde? También se pueden alomar lentos surcos, dando más placer que en cualquier otra parte.

La belleza total de la espalda depende naturalmente de la finura del talle, que forma sus lados, como la de una plaza se determina por la hermosura de los edificios que la rodean; aunque, en este caso, contrariamente, correspondan al vacío, tan dulce de llenar, dispuesto el lugar para los brazos contrarios.

La suave canal, lento correr, apresurado remanso debe estar bien señalada para resaltar las dos partes iguales en que se encaja y de la que se sacan su plural. Ha de hundirse en la cintura, de la primera a la quinta vértebra lumbar, para sumirse en las dorsales, desfalleciendo, hasta el resurgir del sacro, la vuelta sabia del coxis, por mejor nombre: rabadilla. ¡Seguir los asomos de la esbelta palmera que la sostiene, hallar las escamas de su tronco, escalón a escalón, vereda del veremos!

¡Qué bien se huella, nunca en pos, pudiendo torcer camino a la medida del deseo! ¡Oh sabrosos huesos del espinazo!

---

[74] Referencia sacrílega al mensaje de Cristo cuando advierte del peligro de las riquezas (*Mateo*, 10, 31).

Fórmase, en las cinturas más hermosas, el hundimiento dando las señas de su presencia la cercanía del hueso que, sin distraer el curso sabio del camino, le añade variedad. Súbese enseguida a nueva molla, ligero alcor, última colina central pulposa.

¿Qué se contonea sino la espalda?

Para ser perfecta ha de contar con dos hoyuelos algo más abajo de los riñones, a derecha e izquierda. Esta particularidad es necesaria para la gracia, a más de servir de puntos de referencia. Generalmente inesperados, añaden picardía. Suaves y alegres, por lo breve de su profundidad, lentitud de su declive, signo de perfección, difícil de olvidar. Cabe más: un tercero en el centro —algo más arriba de los anteriores—, estrellas de la tarde, constelación, perpetuo Norte del buen camino.

Las crestas ilíacas mantienen el equilibrio sosteniendo lo que algunos tienen por mejor. (La pelvis nos sostiene desde antes de nacer.) Los medios puntos de sus bordes dan a la mujer su trazo más característico. Remátase con las posaderas. Han de ser éstas proporcionadas al talle y, en su parte más ancha, cerca del doble de éste en su parte más estrecha (recordando que hay quien prefiere las colipavas). Redondas, bien señaladas, firmes, juntas, sin falla a la vista y al tacto.

Una espalda perfecta no puede ser grande ni chica, pertenece al tamaño natural de la mujer. El color no importa, del ámbar al rosado, canela, parda, de ébano. Todo habla, ¿cómo no había de hacerlo la espalda? Susurra a todo lo largo del cuerpo, poseedora de las curvas más largas.

Una hermosa espalda puede ser motivo de orgullo tan grande como una cara bonita, unas piernas perfectas, un pecho privilegiado[75]. Aunque de esto último suelen sacar mayor orgullo; que cuenta más, sin razón, lo que se ve.

---

[75] Alusión a *Los pechos privilegiados* de Juan Ruiz de Alarcón.

PREGUNTA A SU AMADA, COMPARANDO LA FINURA DE SU EPIDERMIS CON LA DE UN CANTO RODADO DE PATMOS

—¿Qué vueltas no te dio el mar
para volverte tan dura, sabia, fina?

—Pasé por mil y mil manos
al igual que tu entendimiento.
[1956]

IBN HASSAN AL-ABBAR

Poeta marroquí del siglo XIII. Como la mayor parte de los poetas árabes vivió de la mendicidad «invocando en pomposos panegíricos la lluvia de mercedes que, como de una nube, descienden de la mano poderosa».

El que ve España(1) no regresa nunca.

Aun nosotros
que sólo la conocemos de nombre
morimos por volver a verla.

El que la sueña
allí se queda[76].

(1) Existe una variante tardía en la que se lee Granada en vez de España.

---

[76] Las historias de musulmanes que recuerdan España son recuperadas a menudo por Max Aub. Así, por ejemplo, en el poema «Dice el moro en cuclillas» de *Diario de Djelfa* (México, Unión Distribuidora de Ediciones, 1944; *pág.* 46):

Dice el moro en cuclillas
¡Ay de mi Alhambra! /.../
quizá recuerda a España,
con sus antepasados,
sus joyas y albengalas,
aceñas del Segura,

En ambos poemas se alterna Granada (Alhambra) con España.

ABN BEN MUHAMMAD AL-JATIB[77]

(Siglo xiv)

Vivía en 1349, cuando el famoso Sarif Garnati[78] lo menciona en un qasida maqsura[79] como autor de picantes epigramas. Se refiere a él como a un personaje importante, en la corte marroquí. Lo bufón no quita lo valiente.

IV[80]

Dice la vieja sabiduría
de nuestro pueblo:

———————

sus fuentes albacaras,
los huertos, las acequias,
la gente abigarrada...

[77] El nombre de este autor recuerda al famoso poeta granadino del siglo V Aben al-Jatib.

[78] Sin referencias de Sarif Garnati. Nombre quizá elaborado a partir de al-Gharnati, comentarista de la qasida maqsura compuesta por Hazim al-Qartajanni.

[79] Casida: composición poética arábiga y también persa, no muy extensa, pero que no puede tener menos de siete versos. Macsura: lugar reservado en la mezquita para el califa o el imán en las oraciones públicas, o para servir de sepulcro al que muere gozando fama de santo.

[80] En este poema, señala Estelle Irizarry (*op. cit., pág.* 134), conociendo

«Siéntate a la puerta de tu tienda
y espera tranquilo el sepelio
del cadáver de tu enemigo»[81]
Parece hermoso y satisfactorio,
pero es engañoso.

¿De qué enemigo esperar el paso?
Entiéndeme, no me juzgues mal:
ninguno hay que valga la pena
del tiempo que se pueda perder
esperándole sentado. Vive.

---

el cuento maxaubiano *La verdadera historia de la muerte de Francisco Franco* (México, Libro Mex editores, 1960), es fácil identificar una alusión al caudillo español.

[81] El conocido adagio recuerda al episodio del tratado tercero de *El Lazarillo*.

VICENZO DALLA ROBBIA

(1338-1381)

Veronés, no se cree que tuviera que ver con la familia de los famosos escultores[82].

Es curioso comparar el último verso con el tan conocido de Salvatore Quasimodo[83] aunque la intención de ambos sea, naturalmente, muy distinta.

Un día
los muertos frenarán
el rodar de la tierra

---

[82] En su afán de verosimilitud enmascarada, Max Aub se apoya tanto en el topónimo como en el apellido familiar del antologado. En efecto, existe la familia Robbia de famosos escultores de Florencia relacionados con el perfeccionamiento de esmaltes y la decoración cerámica. En cuanto a Verona, aunque de otra época, destacan dos escultores: Pablo Caliari (1528-1588), su padre Piero y Alejandro Tucchi (1580-1630).

[83] Salvatore Quasimodo, poeta italiano del siglo XX y uno de los mejores traductores de textos griegos y latinos. Premio Nobel de Literatura en 1959. Entre sus libros de poesía destaca *Agua y tierra, Olor de eucaliptus, Día tras día, La vida es sueño* y *La tierra incomparable*. El verso «y la noche se hará» alude al poema «Ed è subito sera» (y de pronto anochece) que encabeza el agrupamiento de los poemarios *Acque e terre* (1920-1929), *Oboe sommerso* (1930-1936) y *Nuove poesia* (1936-1942). *Vid. Poesías*, Granada. Comares, 1991; traducción de Antonio Colinas.

frenéticos de tanta injusticia constante
y no la dejarán seguir adelante.
Y la noche se hará.

GUILHAUME DE BOURGOGNE

(¿Siglo XV?)

Este poema —larguísima moralidad— consta de más de ocho mil versos, cansada retahíla de antítesis. No se conoce de su autor más que el nombre. Se le puso del siglo XIV pero, según Corrales[84], es del XV. Soy de la misma opinión.

EL CEMENTERIO[85]

(Fragmento)

Aquí están o estaban los que decían que sí;
aquí están o estaban los que decían que no;
aquí están o estaban los que lo deseaban todo;

---

[84] Seguramente se trata de José Corrales Egea que, junto a Pierre Darmangeat publicó *Poesía española siglo XX* (París, Librería Española, 1966). Max Aub le recomienda este libro a Rafael Prat Rivelles en una carta del 31 de agosto de 1970 (*Batllia*, otoño-invierno de 1986, *pág.* 131) como fuente para encontrar sus poemas. Una referencia a Corrales se encuentra también entre la correspondencia mantenida entre Ignacio Soldevila y Max Aub (*ABMA, Leg.* 14/1-39). Estelle Irizarry (*op. cit., pág.* 117) también identifica este Corrales con Corrales Egea.

[85] Véase el relato «El cementerio de Djelfa» de Max Aub (*Historia de mala muerte*: México, Joaquín Mortiz, 1965; *págs.* 73-84), basado en las

aquí están o estaban los que no deseaban nada.
Los altos, los bajos, los buenos, los malos, los
/ rubios y los morenos;
los tranquilos y los desasosegados;
los apacibles y los vehementes;
los pacientes y los iracundos;
los alegres y los afligidos;
los valerosos y los cobardes;
los atractivos y los repugnantes;
los orgullosos y los humildes;
los agradecidos y los ingratos;
los esperanzados y los desesperanzados;
los fríos y los ardidos;
los respetuosos y los irreverentes;
y la enorme multitud de los que no fueron ni lo
uno ni lo otro.
Y tú ¿por qué no estás todavía entre ellos?
¿O estás y no te das cuenta
porque fuiste una extraña mezcla de vicios
y virtudes y no mereces descanso?
Sólo te acompaña la indiferencia, la saciedad,
el cansancio
para los que no existe campo santo.

experiencias de exiliado en un campo de concentración, en Argelia. El mismo tema ya figura en *Diario de Djelfa* (México, Unión distribuidora, 1944). Las similitudes fueron señaladas por Antonio Carreño (1982b, *pág.* 286, nota.)

POETA ANÓNIMO DE LORCA

Sin duda alguna de principios del siglo XIV

CANCIÓN V

No sé de mí, ni de por quien no vivo;
poco de ti, hermano.
Algo de aquél de quien dependo.
Quizá algo más de quien odio,
poco de cuantos viven
en el país vecino
y menos todavía
de quienes dicen existir
más allá de los montes.
Y no tengo idea alguna
de los que están tras el azul horizonte curvo.

Sin embargo lo sé todo del que está lejos de todo.

Sólo él puede explicar por qué.

Sólo Alá es grande.[86]

---

[86] Este verso se repite en el poema de Almutamid IV, rey de Marruecos. *Vid.* poeta siguiente.

CANCIÓN X

Todos los poetas dicen que son como dos palomas:
¿Qué otra cosa puedo decir si aletean como
                    / dos palomas en los cuencos de mis manos?
¿Qué no daría por poder inventar otra frase?
        / ¿Qué no daría por dar con otra imagen que no fuera la
de tantos?
Pero cuando los tengo entre mis manos, sólo
        / se me ocurre, como a todos, sentir que parecen dos
palomas, y decírtelo.

CANCIÓN XI

        ¿Qué sé de ti?
¿Qué sabes de mí?
¿Qué saben estos árboles de nosotros?
¿Qué sabe la hoja de este abedul
de la hoja de aquel fresno?
¿Qué saben estas piedras de estos árboles?
¿Qué sabe el atardecer del amanecer?
¿Qué saben estos prados de esta luz que se pierde?

        Sólo quisiera saber por qué sé lo que sé
Sólo quisiera saber por qué te quiero.

CANCIÓN XVI

Una semilla
no es nada,
si no germina.
¡Qué luz la de los sueños!
¡Gloria a quien me la dio!

CANCIÓN XX

Ser gran poeta
o profeta
es muy fácil.
Basta con preguntar
quién soy, qué fuiste o que serás,
sin contestar.

Pero ser un pequeño poeta
es mucho más difícil.
Necesito explicar
por qué tus labios son el mundo entero,
tus dientes como perlas
y decírtelo.

AL MOHAMED EL MOKRANI

(1425-?)

Nació en Damasco en 1425, como es sabido fue ejecutado por subversivo. No le salvó ser amante de la favorita del sultán, a pesar de que éste era importante y persona de clara inteligencia.

LA NORIA

(Poema famoso, que vuelvo a traducir por gusto).

Rueda de agua — rueda de aire.
De pronto me ha parecido que la noria es la sola imagen pura
de cuanto vive.
Sé que es figura vieja, que no soy
el primero —ni el último en pensarlo.
La noria sube el agua
de la entraña de la tierra,
para regarla
y el arcaduz
vuelve a bajar
vacío
en busca de más agua
para dar más vida a la tierra.

Rueda de aire — rueda de agua.
El hombre es como un canjilón[87] que baja
a llenarse al nacer y sube
y se esparce en la superficie
sedienta y dura
vertiendo su alma
en las entrañas y acequias de la planicie.
Rueda de agua — rueda de aire.
Los arcaduces bajan otra
y otra y otra
vez a llenarse
sin poder otra cosa:
¿para eso nace?
Rueda de agua — rueda de aire.
El agua es de una vez
para una vez, sola el agua es el agua,
pero es otra
y penetra en la tierra,
cada vez, de otra manera.
El agua es siempre idéntica a sí misma
pero —es viejo saberlo—
nunca es la misma
y penetra en la tierra
cada vez de otra manera.
Ambos no varían.
Es otro problema.
El hombre siempre tropieza en la misma palabra.
Sin embargo los hombres de hoy,
no se parecen en nada a los de ayer.
Rueda de agua — rueda de aire.

---

[87] Cangilón.

El mismo cubo
tan lleno cuando sube
que luego
vacío se hunde.
Pero el agua
que trae nunca es la misma.
Y siendo otra agua
¿será la misma vasija?
Debe ser la misma y
no es la misma
ya que el agua es distinta.
Rueda de agua — rueda de aire.
Sí, no soy yo el que me sucederá.
Pero eso no tiene, amor,
la menor importancia.
El hombre sube el agua
de lo profundo
y riega la tierra negra.
Luego baja a los infiernos
a buscarla de nuevo.
Un canjilón vacío
Ataúd invertido.
¿Quién empuja la noria?
¿Triste caballo ciego, un burro viejo?
Trabajan sin saber porqué.
Un mulo ciego.
¿De quién será la mula?
¿De quién será la noria?
¿Quién es el dueño de la tierra seca?
¿De quién, el agua?
¿Quién inventó la noria?
No puede ser el mismo que creó
la tierra, el agua,

porque entonces no se comprendería
el desnivel
del río al margen,
ni que fue el
mecanismo de la noria
indispensable...
Rueda de agua — rueda de aire.
¿O será posible que el mismo
que forjó la distancia
del agua subterránea a la flor de la tierra
no se diera cuenta de lo que sucedía?
Lo único que supongo
es que no lo hizo adrede.
¿O tal vez ese animal viejo
que hace subir el agua,
ese burro, ese caballo, ese mulo
sean la imagen misma de Dios?
¿Quién te lo aseguró?
¿Quién te lo dijo?
¿O no pensaba nunca en el futuro?
¿Cómo hacerlo si él es el presente eterno?
Entonces todo está permitido.
Ya no —¿Por qué?— Él anda metido
en otros asuntos. ¿Quién resuelve?
Vosotros mismos. ¿Cómo?

4 de abril de 1955

ALMUTAMID IV, REY DE MARRUECOS

(1440-1528)

De la colección de versos que dejó es difícil saber cuáles son suyos y cuáles no. Levi-Provençal[88] supone, con razón, que la mayoría, desde luego los mejores, son de autores que no faltaron en una corte que se distinguió por el honor que otorgó a los hombres de letras.

Cuando miro los ojos —tan distintos—
de mis esposas
no alcanzo a comprender
lo que quieren decir.
—Hablando, sí.

Cuando miro los ojos
de mis cien hijos
no alcanzo a ver
lo que me piden.
—Hablando, sí.

Cuando miro los ojos habladores
de mis innumerables nietos

---

[88] Evaristo Levi-Provençal (1894-1956), orientalista francés citado ya en la *Nota Preliminar* (*Vid.* nota.).

me anego en el océano
de sus preguntas
incomprensibles.

Sólo entiendo
las miradas
de mis perros.
Sólo Alá es grande[89].

POEMA TRADUCIDO DEL SUEÑO

Si tengo olfato como un perro,
si tengo gusto como un animal
que sabe lo que le gusta,
si tengo el tacto de una salamandra
que huye o se acerca al fuego,
si alzo la oreja al ruido como un caballo fino,
si tengo vista de águila
¿por qué no han de tener ellos un alma
como la tengo yo?

---

[89] Este verso se repite en el poema de un Poeta Anónimo de Lorca ;
«Canción V». *Vid.* poeta anterior.

BERTRAND DE CRENNE

(1501-1547)

Fue gran amigo de los últimos escritores de fines del XV y principios del XVI, que florecieron en las cortes francesas y están hoy más olvidados por su lengua que por su talento: Chastelain, Crétin, Marot, Gringoire, Saint-Gelais[90]. A menos que este poema, por el que tengo cierta debilidad, se deba a su prima segunda Hélisenne de Crenne, la autora de *Las angustias dolorosas que proceden de amores* (1538), la primera novela autobiográfica francesa.

---

[90] Pierre Vaillant, «Chastellain», poeta juglar de la corte de Charles de Orleans. Al principio anduvo vagabundo, pero después se instaló en la corte y se hizo preciosista y ronsardiano. Guillaume Crétin, muerto en 1525, poeta y retórico autor de versos de temática pastoril. Hélisenne de Crenne, escritora francesa cuyo tema principal fue la angustia amorosa; escribió en prosa poética una novela autobiográfica, y también tradujo a Virgilio. Clemente Marot (1495-1544), autor, entre otras obras, de *El templo de Cupido, El diálogo de enamorados.* Su padre, Juan Marot (1450-1524), también fue poeta, y escribió *El doctrinal de las princesas y damas nobles, El abogado de las damas, Viaje a Génova* y *Viaje a Venecia.* Mellin de Saint-Gelais, poeta francés (1491-1558) que completó sus estudios en Italia y a su regreso fue nombrado por Francisco I limosnero del Delfín y después bibliotecario de Fontanebleau. Existe también un Octaviano de Saint-Gelais (1466-1502), prelado y poeta francés, obispo de Angulema, autor de *Le séjour d'honneur,* y que tradujo la *Eneida* y parte de la obra de Ovidio, Terencio y Virgilio.

ADÁN[91]

La vez primera que Adán
atravesó a Eva
creyó morir habiéndola matado
con su falo ensangrentado.
Mas no tenía idea de la muerte
y clamó.

Por vez primera oyó el silencio
y la mujer abrió los ojos
y le sonrió.

A.[92]

¿Cómo pagarte ser
ése que fui?
Cerrado en mí,
sin luz, olor o gusto,
sin un resquicio,

---

[91] Este poema lo «plagiará» Julio Monegal Brandão (1901-1936).

[92] Max Aub también escribió un libro titulado *A* (Valencia, Tipografía Moderna, 1925). También este poema de Crenne será plagiado; pero, esta vez, rizando el rizo, pues quien lo plagia no es otro que un poeta llamado Max Aub.

141

en lo que fue me hundo.
Tú eres, mi vida,
la vida como será
si vivo todavía.

Por ti fui
te fuiste
nada queda de mí.

Tú fuiste, vida, en vida, toda vida,
mi vida vivía cuando me esperabas,
cuando te esperaba, moría
y esa muerte era vida.
Vacío, miro mi mano vacía.

EL BACHILLER BENITO FIGUEREIDO
DA FRIAS

(1521-1548)

Moralista, nacido y muerto (alevosamente) en Évora; persona de confianza del primer conde de Vimioso[93], escribano de cámara.

Aunque la leyenda lo recoja, nada se sabe de cierto de sus relaciones pecaminosas con doña Juana de Gama[94], que fundó —en Évora— un convento de la regla franciscana. Don Diego de Velázquez[95] debió leer el larguísimo poema del que entresaco estos cuatro endecasílabos.

---

[93] Vimioso fue erigida en condado en 1515 por Manuel I a favor de Francisco de Portugal, hijo de Alfonso de Portugal, obispo de Évora y descendiente del primer duque de Braganza. En 1716 el título pasó a los Vasconcelhos, y después a los Mendes Antas. En 1762 el general español conde de Sarriá sitió la ciudad y la destruyó casi totalmente.

[94] Juana de Gama, poetisa y erudita portuguesa (1515-1586) que escribió *Ditos da freira, Trovas, vilancetes e sonetos, cantigas e romances*. Dominaba varias lenguas y se ejercitaba en las matemáticas.

[95] Teniendo en cuenta las fechas que acotan la biografía de Juana de Gama, Max Aub tiene la precaución de aludir a un cuadro posterior, el famoso Cristo crucificado, pintado por Velázquez en 1632; óleo que ha inspirado también *El cristo de Velázquez* de Miguel de Unamuno.

DE LA CRUCIFIXIÓN

Y acercándose el fin, Señor,
dejaste caer tu frente muerta
aproximándola a la tierra
para, ya ido, oírnos mejor.

YOJANAN BEN EZRA IBN AL-ZAKKAI

(1540-?)

Sefardita de Salónica, escribió, en hebreo, a fines del siglo XVI.

IMITACIÓN DE YEHUDÁ HALEVÍ[96]

I

Y tú estás ahí,
tranquilamente sentado,
leyendo

---

[96] Yehudá Haleví (Ha-Leví) compuso los cantos con que los judíos de Guadalajara recibieron a un ministro de Alfonso VII, y cuyo estribillo, cantado a coro, estaba escrito en romance. (Max Aub, *Historia de la Literatura*, Madrid, Akal, 1975; *pág.* 158). Sobre este autor, *Vid.* José-María Millás Vallicrosa, *Yêhudá ha-Leví como poeta y apologista.* Madrid-Barcelona, 1947 y, del mismo autor, *Poesía Sagrada Hebraicoespañola*, (Madrid, 1940; *págs.* 263-284). El ejemplar de *Poesía Sagrada Hebraicoespañola* que manejo perteneció a Max Aub y en él aparece la Qasida Siónida número 85 que muestra cierta similitud ambiental con el poema aquí antologado. Asimismo, Max Aub poseía el ejemplar 167 de *Poemas sagrados y profanos de Yehudá Halevi (1087?-1141?)*. Traducción, prólogo y notas de Máximo-José Kahn y Juan Gil-Albert; México, Editorial

lo que los demás escribieron,
estás ahí, esperando
que caiga el día
a como vaya cayendo,
leyendo
como si lo que lees, lo hubieses pensado
       / tú mismo,
sin acordarte
de tu patria miserable.
Miento:
me consta, lo sé,
pero la apartas violentamente;
quieres vivir en el olvido
de la muerte.

Mensaje, 1943. De este libro, el poema «La nostalgia» (*pág.* 67) guarda cierto parecido con la atmósfera del poema antologado aquí. Sobre la poesía hebraica hispana debe consultarse el libro de Miguel Sachs, *Die Relegiose poesie des Mittelalters*, Berlín, 1855). Más recientemente, ver Yehudá Ha-Leví, *Nueva antología poética* Traducción de Rosa Castillo. Madrid, Hiperión, 1997.

Una prueba más de la admiración de Max Aub por Enrique Heine la constituye el hecho que el poeta alemán escribiera sobre Judá Leví que «el son del divino beso de amor con que el Señor surcó su alma, vibra todavía difuso en sus canciones, tan bellas, puras, enteras e inmaculadas, como el alma del cantor» (Citado por Marcelino Menéndez Pelayo, *Historia de las ideas estéticas en España*, Madrid, CSIC, 1974, 4ª de., pág. 362). Los autores contemporáneos de Leví también le elogiaban, por ejemplo Imanuel Aboab, *Nomología*, Amsterdam, 1620, *págs.* 299 y ss. También Marcelino Menéndez y Pelayo escribió un poema sobre Judah Leví titulado «Himno de la creación para la mañana del día del gran ayuno», en *Odas, Epístolas y Tragedias*, Buenos Aires, Emecé, 1943, *págs.* 122-133. El poema de Max Aub es más exigente y directo.

Además, nótese el parecido en el nombre de Yojanan Ben Ezra Ibn Al-Zakkai con el contemporaneo de Yehudá Ha-Leví conocido como Moseh Ibn Ezra.

Si es así, y te has olvidado de España[97],
¿por qué no te mueres?
¿Por qué, de una vez,
no te mueres de tu muerte atrasada?
No basta jamás el recuerdo de la amada.

II

   ¿Es peor
que la patria abandonada,
dirigida
por los enemigos,
perdida, progrese
o que, al contrario,
sea un montón de ruinas?[98]
Sólo el político puede tener dudas,
por eso los reyes son dignos de lástima.

   Solas las lenguas son mudas.

III

   ¿Quién sueña lo que has soñado?
¿Quién soñó lo que has soñado?

---

[97] Sobre este tema vuelve Max Aub en su libro póstumo *Imposible Sinaí* (Barcelona, Seix Barral, 1982; *pág.* 27), por ejemplo en el poema de Natan Bemayaru cuando reprocha el pasado de los judíos en España:

   ¿Quién nos echó,
   quién nos quemó,
   quién destruyó
   nuestro pasado?

[98] La pregunta alumbra una segunda lectura al relacionarse con el exilio sufrido por Max Aub tras la Guerra Civil.

IV

¿Qué ves, qué ves más allá
de lo que ves?
Sólo adivinas lo que quisieras ver.
No te hagas ilusiones;
eres un pobre mendigo
como no puede menos de ser.
No te revuelvas, óyeme bien,
eres un triste mendigo
como no podías menos que ser;
pides sin atreverte
a mirar la cara de tu huésped,
mendigas
decidido a no agradecer
las limosnas,
a escupir a la cara que no ves.

Si te has olvidado de España
¿por qué no te mueres de una vez?

A SU CÁRCEL

I

Bendigo mi prisión
que me hace pensar.
Lo que digo,
igual que el Sol,
da vida a cuanto alcanza.

¿Quién sabe lo que hiciera
si no estuviese encarcelado?
Hay que alegrarse siempre
de lo que la vida nos da;
el que se lamenta
de su suerte
no merece vivir.
Es como si un hombre
quisiera empeñarse
en andar
por las nubes;
sólo faltando la libertad
se sabe lo que es la libertad,
sólo faltándome mi amada
sé lo que vale mi amada,
sólo cuando muera
sabré lo que vale la vida;
ahora sólo la alcanzo
por el remate de mis pies
y un vago aleteo de la brisa,
o el recuerdo fugaz
del pecho de mi deseada;
sólo cuando muera
sabré lo que vale la vida.

II

Amo los jardines
porque son solitarios como yo
y el agua corre por ellos
como la sangre por mi corazón.
Amo los jardines

porque viven de su mantillo
igual que yo vivo
de mis muertos pensamientos.
Porque escondida
se descubre una flor sorprendida
amo los jardines.
Porque huelen a humedad
en el verano
y no hay rumor
como el del agua
corriente
entre el jazmín y helecho.
Amo los jardines
porque huelen a tierra húmeda
y me traen los recuerdos de tu cabellera.

SIMÓN GÓMEZ

(1550-1595)

«A todo poeta lo forman, por encima de todo, el tiempo
o la raza», viene a decir uno de los mejores críticos de mi
tiempo. A Simón Gómez lo marcan ambas cosas: el siglo XVI
y el ser judío, lo que le llevó de la mano a convertirse en ti-
zón en un auto de fe, en Medina del Campo.

Fue portugués de nación, le perdió en 1581 el Anschluss[99] de Felipe II. Judaizante sin saberlo, a lo que declaró.
Se arrepintió a última hora, lo que no modificó la tachadu-
ra ni el aventar de sus cenizas y, de hecho, de su poesía. Que
se sepa, sólo queda esta muestra, que explica, si no justifica
cumplidamente, la severidad de sus jueces.

A las siete de la noche
innumerable voz clamó
que las estrellas
daban sus vueltas al revés
eternalmente[100].
Y todo fue para atrás.

---

[99] Anschluss. Voz alemana que significa unión. Por antonomasia,
designa la incorporación de Austria a Alemania.

[100] Eternalmente. Esta palabra se repite en el poeta siguiente. La biografía de ambos poetas también les une.

151

Y volvióse a vivir lo ya vivido
sin olvidar lo pasado.
Nadie dudó del fin del mundo,
y buscaban las veinticuatro sillas(1)
y la llave, la gran llave
con la que estaban dando cuerda al mundo.
—¡Hemos llegado al final! —clamaban todos.
¡No hay más allá!
Habían roto los siete sellos
y leían el libro por dentro y por fuera.(2)
¡Aquí el Infierno
—clamaban todos—
y el criminal regresa siempre
al lugar mismo de su crimen!
Y se miraban.
Se conocían.
Se entremataban.

(1) *Apocalipsis*, 4; 4.[101]
(2) *Id.*, 5: 1.[102]

---

[101] «Alrededor del trono había veinticuatro tronos, sobre los que estaban sentados veinticuatro ancianos vestidos de blanco y teniendo sobre sus cabezas coronas de oro». (*Apocalipsis*, 4,4).

[102] «Vi en la mano derecha del que está sentado en el trono un libro escrito por dentro y por fuera, sellado con siete sellos». (*Apocalipsis*, 5,1).

ALFREDO ALCALÁ

(1574-1626)

Esta curiosa versión del poema de Simón Gómez[103] se publicó en Amberes en 1517[104], otorgando todos los «créditos» a su autor portugués. Alcalá, judío converso, estudió en su ciudad natal, tan evidente en su apellido; tradujo los *Proverbios,* trufándolos de reflexiones personales y aun haciendo contrasentido (*v. gr.* al final de 8:36) imprimió: Todos los que me aman, aborrecen la vida cuando el texto dice: Todos los que me aborrecen, aman la muerte[105]. La edición fue destruida. Debo estas noticias a su descendiente, don Manuel[106], del mismo ilustre apellido.

Lo curioso es que la idea matriz del texto pertenece o dio nacimiento —eso nunca se sabe— a un grupo de heterodoxos llamado redentoristas[107] o hermanos del nuevo día, que aseguraban tendremos ocasión de arrepentirnos algún día, a

---

[103] Sobre todo de los nueve primeros versos del poema de Simón Gómez.

[104] Aunque la adaptación es plausible -Simón Gómez (1550-1595) y Alfredo Alcalá (1574-1606)-, la explicación resulta anacrónica puesto que en ese año no había nacido ninguno de los dos.

[105] En realidad dice: «Todos los que me odian a mí, aman la muerte».

[106] Manuel Alcalá. Según Estelle Irizarry (*op. cit., pág.* 117) se trata de Manuel Alcalá, autor de *El cervantismo de Alfonso Reyes.*

[107] Parece que Max Aub no se refiere a los conocidos como redentoristas: ni los pertenecientes a la Orden del Santo Redentor, fundada por san Alfonso María de Ligorio, ni tampoco a los pertenecientes a la Orden de la Merced o de la Redención de Cautivos (mercedarios), fundada por San Pedro Nolasco y san Raimundo de Peñafort. En cuanto a los

una hora señalada, al contemplar cuanto fuimos. Parece que todavía existe hoy en día, en Plymouth, Minn. (EEUU) una secta de parecidos principios. Ignoro si conocen sus orígenes.

(Es de señalar la conversión al futuro del texto primigenio y el relativo optimismo de esta versión, debido sin duda a que se escribió en un país de mejor standard de vida, de aspiraciones más concretas y menos ecuménicas.)

A la hora señalada
una gran voz clamará
por todo el cielo
que eternalmente
el mundo rodará al revés.
y todo el mundo volverá
a vivir lo que vivió
sin olvidar lo pasado.
No será el fin del mundo
sino el principio:
Dios de la cuerda
cada quien se arrepentirá
y el que se arrepienta
perdido es definitivamente.

Hermanos del Nuevo Día, conocidos como Hermanos de Plymouth, Hermanos Libres o Asamblea de Hermanos, se trata de una creencia surgida a inicios del siglo XIX en el seno de la Iglesia Anglicana que pretendía volver a un cristianismo más centrado en el *Nuevo Testamento*. Actualmente esta corriente se ha adaptado al protestantismo norteamericano. De estos últimos, sólo los darbynistas (seguidores del escatológico Jhon Nelson Darby) son considerados como secta. Curiosamente, el *Corán* (2,8) menciona a los hombres que dicen creer «en Dios y en el último día, pero no creen», para referirse a quienes sólo aceptan de palabra el Islam, pero no de hecho: los hipócritas.

JUAN MANUEL WILKENSTEIN

(1623-¿1657/8?)

Dicen sus contemporáneos que no salió de las tabernas. Parece que en sus años mozos hizo algunas campañas en Flandes e Italia. Escribió en alemán.

EL RACIMO

Con un racimo en la mano
te pregunté, oh gran juez,
dónde estaba la verdad;
si en los granos o en su jugo
o en el dulcísimo efecto
que me producía su zumo.

Tú sabes distinguir, sin duda alguna,
entre verdad y mentira,
y dónde acaba lo cierto;
mas no quisiste contestarme nunca
acerca de lo que yo resiento
cuando trasiego.

Lo que entonces pienso
¿no es tan cierto
como el racimo que te presento?

PIETRO SIMONETTO

(1742-1788)

Genovés del siglo XVIII, aventurero, farsante, poeta místico a sus horas. Murió asesinado, en circunstancias oscuras, en Lyon. Tradujo muchas novelas inglesas. Lo que sigue pertenece a una comedia publicada en 1785 —*El nigromante*— tal vez traducción o arreglo de una isabelina, hoy perdida.

LAURO

Señor, ¿por qué hiciste el mundo tan
enorme siendo yo ¡ay! tan pequeño?
Señor, ¿por qué tantas cosas cuando
solamente podré alcanzar algunas?
Señor, ¿por qué has creado tantas cosas fuera
del alcance de mi inteligencia?
Señor, ¿por qué existen tantos avisperos del gozo
lejos de mis ganosas manos?
Señor, ¿por qué has hecho el mundo tan grande
y a mí tan pequeño?
Algo hay aquí que no entiendo,
o equivocado;
pero quisiera comprender por qué
aun siendo yo de tan cortos alcances

me doy cuenta de que
el mundo encierra tantas cosas
que, por mucho que viviese,
por muy inteligente que fuera,
quedarían siempre tras mi horizonte.

Si pudiera resolver este enigma
te regalaría mi nombre y mi apellido.
Si hay cosas que no entiendo,
entiende: si hay una sola cosa fuera
                            / de mi entendimiento,
¿para qué sirvo? ¿De qué sirvo? ¿Qué sirvo?
Y si no sirvo, ¿para qué vivo?

LUCAS

¿Por qué hay tantas mujeres apetecibles
y me tengo que contentar con la mía?

¿Por qué hay tanto oro y mi bolsa está vacía?

GUILLERMO BRAKETT

(1870-1824)

Nació en Redford, Gales, y murió en Londres. Fue seminarista antes de dedicarse al comercio de ferretería. Sus poemas fueron publicados por su hijo, en 1835. Dicen que era un hombre taciturno y amigo de la cerveza. Escribió y estrenó dos dramas que no tuvieron éxito.

ÉSTE NO ES UN POEMA ALEGÓRICO

Vino, se fue y nos dejó.
Y, ahora, ¿qué hacemos?
No es fácil porque el bosque es grande.
Hay quien va y vuelve,
otros se sientan a esperar la muerte,
quien anda y desaparece.

Y no es un salmo alegórico.
Es mucho más sencillo:
Dios nos creó y nos dejó solos.
Tal vez sea lo contrario de un abandono.
Y Jesucristo se quejó en el momento preciso.
¿Qué podemos decir nosotros?
Tal vez no sea un abandono.

Una letra de cambio, si no hay con qué
difícil es de pagar.

Pero, en verdad, Nos dejó
completamente solos.

LO QUE NOS CONVIENE

Lo que importa es no encontrar
nunca lo que nos conviene.
«Y sentóse Salomón por rey en el trono...
                        / de Jehová en lugar de
David su padre»(1)

Si hubiera continuidad,
sería mal sin remedio.

La verdad no puede existir porque nada
                    / es consecuencia, porque nada
se continúa, porque todo muere. Y nada que se
                        / muera puede ser verdad.
Grecia, Roma, España, Francia, Inglaterra,
            / ¿qué quieren decir? ¿Qué quieren, sin más?
No quieren nada sino lo que les conviene
                        / y lo que les importa
—o les importó—
es no encontrarlo nunca.
Sólo así es el hombre.
El que me entiende sabe lo que digo.
El que no me entiende también sabe lo que digo,

porque digo lo que él quiere.
Las palabras siempre dan saltos,
caen en volteretas al vació
haciendo piruetas,
luego saludan,
como en el circo.
«No seáis como vuestros padres y como
/ vuestros hermanos...!(2)
No diréis que no os lo advirtieron,
es mal que declino.
(Si declino por mi mal
es historia distinta
y porque creo que lo que importa
es no encontrar nunca lo que nos conviene.)

(1) *Crónicas* I, 29-3.[108]
(2) *Crónicas* II, 30-7.[109]

---

[108] «Sentóse Salomón sobre el trono de Yavé como rey, en lugar de David, su padre». *Crónicas*, I, 29,23. La cita está equivocada.

[109] «No seáis como vuestros padres y vuestros hermanos, que fueron infieles a Yavé, Dios de sus padres, que los hizo ser objeto de horror como vosotros estáis viendo» *Crónicas*, II, 30, 7.

POETA TURCO ANÓNIMO

(Principios del siglo XIX)

Posiblemente vivió el reinado de Mahmud II[110], seguramente presenció la batalla de Navarino[111]. Triste tiempo para su patria, que en 1830 perdería también Argel.

CANCIÓN DEL PARTENÓN

Soy turco, lo mío no es la piedra labrada por el hombre sino la modelada por el tiempo, hecha de agua, viento y soledad.

Soy turco, ojalá no quedara aquí piedra sobre piedra, insulto a la vida misma: vano intento de vencer la muerte.

Soy turco y sólo Alá es grande.

---

[110] Desde la derrota de Lepanto (1571) el imperio otomano comenzó a declinar hasta su desmembración en el Congreso de Berlín de 1878, después del cual se redujo su poder notablemente. En el siglo XIX el emperador Mahmud II, elevado al trono en 1808, fue célebre porque exterminó al antiguo cuerpo de los genízaros, de ruidosa música, y ordenó organizar las bandas de música militares como lo estaban en Europa.

[111] La bahía o rada de Navarino es célebre por el combate naval librado el 20 de octubre de 1827 entre la flota turca y las aliadas de Francia, Inglaterra y Rusia.

ALEJANDRO VACARESCO

(1802-1854)

Nacido en Constantinopla, de padres de origen rumano, escribió en italiano. Fue profesor de lenguas orientales en Bolonia, donde falleció.

> Poësia
> forma dicha
> de la vida.

(Difícil de traducir este haikai[112], que me pasó manuscrito María Zambrano[113]. ¿Hay dos puntos después de «poësia», como entre «forma» y «dicha», otra al final del segundo verso?

---

[112] El haikai o haikú es una composición japonesa compuesta por tres versos de cinco, siete y cinco sílabas (diecisiete en total). Aquí no se respetan las reglas, pero sí en algunas estrofas del poema «Círculo» de Cste Yuan Wu.

[113] María Zambrano (1904-1991), como Max Aub, hubo de exiliarse y, tras una breve estancia en México, ejerció su magisterio en Cuba y Puerto Rico. Discípula de Ortega y Gasset y de Zubiri, escribió numerosos libros de pensamiento. Max Aub se reunía en la casa de Conde de Barajas de María Zambrano, a la que acudían numerosos tertulianos, en las reuniones culturales; en una de éstas, en 1935, conoció a Camilo José Cela (*Vid.* carta del 28 de septiembre de 1957 entre Cela y Max Aub: *ABMA: Leg.* 4-13/20). Max Aub se consideraba uno de «los hijos de María Zambrano».

En la duda suprimo la puntuación, recurriendo a una estratagema moderna, dando facilidades o añadiendo dificultades al lector.)

                    ¡Creación
            hija de la importancia
            de Dios!

                    Crear
            es
            no poder
            lograr
            hacer
                    más.

ROSA MAAKTARA

(1803-1842)

Egipcia, nacida en Alejandría murió en la isla de Chipre, algunos dicen que a consecuencia de un desengaño amoroso; otros, que de los disgustos que le produjo su hija. Esta última versión puede haber nacido de sus poemas más conocidos que, tal vez, no correspondieron a la realidad.

A SU HIJA

¿Qué importa que te parezcas a mí si no eres como soy?
Las líneas de tu cara, la figura
                              / de tu cuerpo recuerdan las mías,
pero tus pensamientos son tan distintos (de los míos)
que la misma identidad de nuestras formas
me hace sentir que eres más extranjera que otra cualquiera.

OTRO, A LA MISMA

¿Qué pensará el rosal de la rosa?
La ve salir de sí, yema, capullo,
flor rápidamente marchita.

No se parecen las rosas
al tallo del rosal,
ni nadie supone que las espinas
—que se suceden como agudos cuernos de gacela—
tienen algo que ver
con los sedosos pétalos
que recuerdan las mejillas más suaves.

Sin embargo, las rosas son fruto del rosal,
                                  / como tú eres hija mía.
Te he visto crecer,
pero tú me verás morir.
Otra razón
para no
        llamarte mi flor.

ROBERT RICHARDSON

(1817-1861)

Amigo de Shelley[114], de su tocayo Browning[115], sin recursos, cojo, careció de cualquier posibilidad para moverse de su Gales natal. Murió suspirando por conocer Italia[116].

Todo ese tiempo muerto que arrastro a las espaldas de mi memoria, como una gran red que aprisiona miles de peces de ojén —gris perla sardina nácar— todavía tremantes de la amarga agua del mar. ¡Rémora pesada que me dobla la espalda del esfuerzo hecho! Ir siempre adelante con el fardo cada vez mayor —quiérase o no— por el solo hecho del tiempo, ¡oh pesca involuntaria!

---

[114] Aunque Max Aub sugiere la amistad con Percy Bysshe Shelley, en esta ocasión la realidad traiciona al apunte de verosimilitud, pues el poeta romántico inglés murió en 1822, cuando el apócrifo Richarson tenía solamente cinco años. Ya se ha señalado en otros autores (Nota Preliminar, Marco Bruto, etc. cómo la amistad esconde la mentira).

[115] Quizá aluda a Robert Browning, poeta y dramaturgo inglés (1812-1889) que vivió en Italia con su mujer.

[116] La alusión a Italia está ligada a los continuos viajes que los poetas románticos ingleses hicieron por esa península. La italianofilia reúne también a los poetas citados Shelley y Browning. No se oculta aquí cómo Max Aub ridiculiza a Richarson, pues, tras mencionar su cojera (también la sufrió Byron) afirma que «careció de cualquier posibilidad para moverse».

Adentrarse en lo que fue y ya no sirve, bosque muerto; adentrarse en el ayer, en lo que ya no es, en lo que quizá no fue. Adentrarse en la bruma, enmarzarse y desaparecer en las nebulosas losas de niebla que, nos aseguran, cubren un abismo. Hundirse en la muerte pasada, amortiguado mañana, analgésico de ahora mismo. Monstruosa fuerza inventada de la muerte, alta y de frente. Pared de piedra seca en la que te apoyas —quieras o no— muro que te sostiene —quiera o no— para que puedan fusilarte en el preciso momento en que cualquiera lo ordene.

¡Oh suave viento de la muerte[117], vete y llévame a los países donde crece erecta la palmera! ¡Vea yo mi sombra cada día dibujada en la tierra! Aquí el tiempo está muerto envuelto en la niebla y las nubes; el cielo llora su propia muerte. Todo es humedad, recuerdo y deseo del sol. ¡Llévame al Sur, oh suave viento de la muerte, y expón mi cadáver a los rayos ardientes del sol!

---

[117] Desde el principio hasta aquí el poema es exactamente el mismo que el de John O'Mulleady que se encuentra más adelante.

VLADIMIRO NABUKOV[118]

(1812-1872)

Nació en Kiev, murió en Berlín. Joven, fue amigo de Tolstoi[119]. Luego se enfadaron. Era rico; murió harto, del corazón.

Sólo los pájaros pueden despegarse
de su sombra.
La sombra siempre es de tierra.

Nuestra imaginación vuela:
somos su sombra, en tierra.

---

[118] Max Aub castellaniza el nombre y cambia una letra para esconder lo evidente: la clara referencia al escritor ruso, después norteamericano, Vladimir Nabokov. Se trata de una perplejidad, pues el famoso Nabokov pertenece al siglo XX. Curiosamente, Antonio Muñoz Molina, en su conferencia «Max Aub: una mirada española y judía sobre la ruina de Europa», pronunciada en el curso *Max Aub: 25 años después* celebrado del 18 al 22 de agosto de 1997 en El Escorial, dibujó un claro paralelismo vital y creativo entre Vladimir Nabokov y Max Aub.

[119] El Tolstoi por antonomasia es León Nikolaiecih, conde de Tolstoi (1828-1945), famoso escritor ruso autor de *Guerra y paz, Ana Karenina, La muerte de Iván Illitch,* etc.

La conferencia está recogida en A.M.M., *Pura alegría;* Madrid, Alfaguara, 1998; *págs.* 119-138.

LI PING-HANG

(1837-¿1908/9?)

Ni manchuriano ni japonés, como quiso Halin[120]: core-
ano, de Panynon, aldea que luego había de ser famosa por
otros títulos. Estuvo en Manchuria y en China. Murió en el
Japón. Le hizo famoso su serie de poemas a la luna, de la que
traduzco un fragmento.

Si es imposible traducir la poesía, siempre traducida, la
dificultad llega al colmo con ésta que en su lengua parece ex-
presar en todo momento ese baño de luz sobrenatural que se
desprende del satélite más nombrado. Aun en los momentos
más irreverentes, no pierde, en el original, la compostura
que no he acertado a dar.

XI

Ojo de la cerradura
por la que nos mira Dios.
Mira por la que nos apunta
a ver si nos da de lleno.

---

[120] Halim. Sin referencia.

XIII

Catarata celeste,
ojo ciego de la noche,
que mira y no ve.
Gota serena,
granizo,
que nos mira ciego.
Halo de Dios,
que no sabe dónde estamos.
De abajo arriba, creciente;
de arriba abajo, menguante.

LI

No enseña impertérrita
su pretérito,
su blanco cuarto trasero.

LVIII

¡Ay si mi brazo fuera mástil bueno!

¡Ay si mi puño fuera
la verga que yo quiero,
te enseñaría yo
lo que es estar preñada!

CI

¿No la veis? ¿No la ven?
¿No advierten negras las banderas
cubriendo el cielo?
¿No las ven asomar tras el sol negro?
Inmundo cero...
                              ¡Esperad! ¡Esperad la luna llena!

IVÁN M. IVÁNOV

(1852-1910)

Nació en Moscú, estudió medicina en Berlín y Londres. Luego se dedicó a la pintura. Famoso porque fue amigo de Oscar Wilde[121]. Regresó luego a Rusia donde se dedicó a pintar banqueros y terratenientes. Pasados los cincuenta años, en contra de la mayoría de los de su calaña, se convirtió en adorador del sexo contrario, con el que dilapidó su no corta fortuna. Murió en Odesa, de peste.

MADRIGAL DE VIEJO

No eres lo que ves en el espejo.
La edad, en ellos,
miente. Es la tuya

---

[121] Oscar Wilde, poeta y dramaturgo inglés que escribió numerosas obras de éxito, entre otras *Lord Arthur Saville's Crime, The Picture of Dorian Gray, The importance of Being Earnest.* Acusado de homosexualidad fue condenado a dos años de trabajos forzados en la prisión de Reading, en donde escribió *De profundis.* Max Aub, alude -irrespetuosamente- a sus inclinaciones sexuales al señalar que Iván M. Ivánov no eligió el mismo camino.

más la suya.
¿O crees que ellos no tienen sus recuerdos?
Pesan, no pasan: cuentan, te ven: velos;
no los hay nuevos,
todo es reflejo.

Y yo te puedo ver
como si esta mañana
fuese ayer.
Y yo te veo
—espejo—
sin tiempo;
ya muerto.

ROBERT VAN MOORE DUPUIT

(1856-1911)

Nació en Gante, Bélgica, de una familia que tenía como máximo orgullo otro Robert Van Moore[122], compañero de Guillermo de Orange[123]. Cojo, pequeño, feo, fue profesor del instituto de segunda enseñanza de su ciudad natal. Amigo de Rodenbach[124] y de Maeterlinck[125], segundón en todo, dejó una interesante correspondencia. Murió en Siena durante el único largo viaje que emprendió. Su libro *Les rives du silence* le había dado cierto renombre, diez años antes.

---

[122] Robert Van Moore. Sin referencia.

[123] Guillermo de Nassau, príncipe de Orange. Perteneciente a la familia de estatúderes de los Países Bajos.

[124] Por los años de la biografía del apócrifo antologado ha de tratarse de Alberto Rodenbach (1856-1888), poeta belga que escribió en flamenco, fundador de Het Pennoen y De Vlaamsche Wlagge. Otro Alejandro Rodenbach (1786-1869) causó la caída del trono de la familia Orange Nassau a la que pertenecía el citado Guillermo de Orange.

[125] Mauricio Polidoro María Bernardo Maeterlinck (1862-1949), poeta y dramaturgo belga, premio Nobel de Literatura en 1911, representante de la escuela simbolista. Durante la Guerra Mundial procuró ayuda para su país.

DESTINTE

El tiempo empieza siempre, quiérase o
no, gris. Mas pase lo que pase: rojo,
brillantísimo sol blancuzco, verde
fulgurante amarillo
debajo de ellos
agazapado vive el negro
o ese ligero tinte gris.
Solapada denuncia
de que no hay principio ni fin.

I

—Desde el momento en que creyera en algo,
sería esclavo.

II

Tocar el mundo frío,
abandonarlo,
no ser esclavo:
que nadie —nada— sea mío.

III

Ésta que miro grande Roma ahora
huésped, fue hierba, fue collado:

primero apacentó ganado.
Ya del mundo la ves dueña y señora.(1)
Así soñé mi vida. Sigo siendo
huésped de mí, tristísimo desierto.

DE UNA CARTA A RODENBANCH

Éstos que aquí están, inmóviles para siempre, de tinta en papel: Raimundo, cabeza cana, nariz roma, boca de espuerta, epidermis sedosa, aniquilado, cariacedo, fuera de combate; frente a Marta, ojos verdes, la frente despejada bajo el cabello castaño, sonriente —los labios ligeramente curvados hacia arriba—, hecha de sal, relajada, mirando pasar el campo por la ventanilla del tren, éstos quedarán así, en la frase final de la novela —página 305— cuando yo muera. ¿Qué hice para no merecer lo mismo? ¿No me inventaron igual, sin pedirlo? ¿No soy, no fui? Ya sé: gozaré de lápida, pero nadie sabrá cómo fui, mientras éstos que veo, de papel, quedarán intangibles. Grabarán mi nombre —mi nombre en una hecatombe—, una fecha, un «Rogad por él» impersonal. Trabajé en serio, tomando la vida en serio y ahora —de Pisa a Roma— en el tren, leyendo este libro, envidio los personajes de esta novela que no hicieron nada para llegar a ser.

Queda aquí mi formal protesta contra esta fenomenal injusticia.

(1) Utilizo para mi traducción cuatro versos de Quevedo; el poeta belga vino a decir —peor— lo mismo en este poema[126].

---

[126] Max Aub se refiere al poema de Quevedo «Roma antigua y moderna» que el autor calificó como Silva pero, al principio, está formado por un soneto perfecto, cuyo primer cuarteto es el siguiente:

> Esta que miras grande Roma agora,
> huésped, fue yerba un tiempo, fue collado:
> primero apacentó pobre ganado;
> ya del mundo la ves reina y señora.

Francisco de Quevedo, *Las tres Musas últimas castellanas*. Madrid, Imprenta real, 1670; *pág.* 139. En una autobiografía enviada a Ignacio Soldevila, Max Aub dice sobre el autor barroco: «llevo en mi equipaje los versos de Quevedo». (Carta del 28-IV-1968; citada por Dolores Fernández Martínez, *Tesis cit., pág.* 51.) Antonio Carreño (1982a, *pág.* 206; 1982b, *pág.* 285) explica que «el fragmento de Quevedo, intencionalmente mutilado procede de la silva Roma... Los cuatro primeros versos (un cuarteto endecasílabo perfecto) quedan desfigurados. La alteración llevada a acabo por Max Aub da al traste con la perfección formal: suprime varios vocablos («un tiempo»... «pobre»...), y altera la voz del emisor. En Quevedo, el discurso lírico se dirige al vocativo «huésped»: «Esta que miras grande Roma agora, / huésped, fue yerba un tiempo, fue collado». El verbo en presente («miras») se altera en pasado («miró»); la «reina y señora» en «dueña y señora» en la nueva versión. Aquí el traductor se vale del poeta moral (el más leído y admirado por Max Aub) para superar la pobreza expresiva del poeta belga. Pero al incluir en el poema un texto contrahecho de Quevedo, puntualiza su arte de compositor y traductor. La confección se sostiene como un intercambio lúdico de varias posibilidades textuales: a) la de Robert Van Moore Dupuit (no otro que Max Aub); b) la de Francisco de Quevedo (que aquél altera); y c) la del traductor que firma el libro y se alude a sí mismo en al cubierta y en la mota de página. Socava así, paradójicamente: 1) el principio de autoridad: la literatura es (ya en Borges) pertenencia plural; sus metáforas meras variaciones en el tiempo; 2) la función del lector como modificador del texto: a través de éste se explican las variantes de otros textos; 3) la funcionalidad del texto lírico ejemplar: fija y aclara un pensamiento confuso, o pobremente expresado; 4) la actualidad de Quevedo, detrás de la mayoría de las páginas de Max Aub».

Curiosamente, el parecido del poema de Max Aub también recuerda otro poema quevedesco de Rodrigo Caro, titulado «A las ruinas de Itálica»:

> Estos, Fabio, ¡ay dolor! que ves ahora
> campos de soledad, mustio collado
> fueron un tiempo Itálica famosa...

JOSEF WASKIEWITZ

(1857-1907)

Polaco, nacido en Cracovia, muerto en París; tomó parte activa en los movimientos anarquistas de fin de siglo. Los poemas que siguen están tomados de su libro capital *Diálogo con un poeta muerto*. La forma tiene algo de Whitman[127].

EL ORGULLO

¿Qué os creéis? ¡Oh escuchadlos!, ¡oh, leídos! ¿Os entiende la hierba? Decidme esto sólo: ¿os entiende la hierba? (¡Podría escribir tantas cosas!)

¡No! —¿qué os creéis?—. No: no os entiende nadie que valga la pena que os entienda, porque quien os entiende no os necesita para nada.

Sólo valdría la pena que os entendiera quien no os puede entender: los cazos, los caracoles, las arañas. (¡Podrías escribir tantas cosas si os entendieran las salamandras, las arañas, la hierba y los tréboles!)

---

[127] Walt Whitman (1819-1892), poeta norteamericano famoso por su obra *Hojas de hierba*, de la que no faltan alusiones en este poema de Waskiewitz.

¿Creéis que porque vuestros libros llegan a la quinta edición por eso valen la pena? (¿Qué pena?)

Sólo os leen los que no os necesitan, roto el espejo —a trozos no escogidos, a trozos recogidos— sólo esos solos, para mirarse en sus espejos y no en el vuestro.

¿Qué creéis? ¿Ser alguien? ¿Quién es alguien? No lo sabéis.

Ninguno de vosotros sabe quién es alguien: Ése que le habla la hierba y que la hierba entiende, curvándose como la cintura de mi amada.

¡Hablad a la hierba, habladle y reventad de pena, que no os entiende! Ni la hierba, ni las piedras... Sólo sabéis hablar quedo al oído de vuestro ombligo.

EL OBJETO

Busca, huele, olfatea, rastrea, escudriña, sigue, persigue;
nada ni nadie tiene principio ni fin
como no sea lo que puedes coger con la mano:
una manzana, un higo, una naranja, un durazno...
Bien mirado
es inhumano: en el cuenco de
la mano
no cabe un ser humano.[128]

Los poetas suelen decir que no sabemos nada,
/ o casi nada; que todo es residuo de quién sabe no sé

---

[128] Este verso y los dos anteriores son tomados por Antonio Carreño (1982a, *pág*, 210, 1982b, *pág*. 288) como ejemplo de modelo epigramático, cercano al de Antonio Machado de los aforismos y proverbios en «Sentencias, donaires, apuntes y proverbios» de *Juan de Mairena*.

qué; que vamos no sabemos adónde.
Y se quedan tan tranquilos, esperando que
                              / los demás se mueran antes que ellos.
Los poetas creen en la humanidad y nos
                              / divierten un rato, algo es algo,
pero
no hay nada —o casi nada— a nuestro tamaño;
todo nos viene grande o estrecho
—nunca somos iguales a otro muerto —ni siquiera
                              / a nosotros mismos cuando hemos muerto.
A pesar de que los poetas se empeñan
     /en hacer trajes en serie sólo existe un sastre a la medida,
pero hace mucho que se declaró en huelga
y sólo cose, de tarde en tarde, para fuera de casa.

   Busca, investiga, cachea, explora.
Son anuncios editados por lo menos a cinco mil ejemplares.
Es inútil:
todos los teléfonos comunican con números equivocados.

LA LUZ[129]

        ¿Quién tiene luz propia?
        La vela.

---

[129] En la asociación descabellada de este poema ve Antonio Carreño
(1982b, *pág.* 288) ecos de las *Greguerías* de Ramón Gómez de la Serna.
Curiosamente, este autor, seducido por la retórica de la otredad, escribió
6 falsas novelas (Madrid, 1927): Falsa novela rusa, Falsa novela alemana,
Falsa novela negra, etc.

La vela que no ve su sombra,
La vela que no ve nada.
¿Quién tiene luz propia?
La vela,
que es ciega.
Dijo: Hágase la luz, y la luz se hizo[130]
y, desde entonces, quedó ciego.

LAS PATATAS[131]

¿Qué pasaría si, como dice aquél, las patatas
                                    / se volvieran locas?
Usted no quiere pensarlo. Hace mal.
Piénselo mientras se duerme,
piénselo mientras hace el amor:
¿qué pasaría si las patatas se volvieran locas?
Sólo eso: únicamente eso, que las patatas
                                    / perdieran la razón.
Lo demás sería, como siempre, añadidura.

---

[130] Clarísima referencia bíblica: «Entonces dijo Dios: «Haya luz», y hubo luz.» *Génesis*, I,3.

[131] Según Antonio Carreño (1982b, *pág.* 286) el poema recuerda las *Odas Elementales* de Pablo Neruda. El poeta chileno también tiene un poema, aunque de tono menos reflexivo y más etnológico, con las patatas como protagonistas: «Oda a las papas fritas» (*Navegaciones y regresos*, Barcelona, Bruguera, 1980; *págs* 102-103.

EL RASTRILLO

Acabar con lo existente, como sea,
para que luego crezca como le dé la gana.
Acabar con todo y con uno mismo:
destruir, asolar, romper, hacer trizas,
extinguir, arrancar, descepar.
¡Hermosura renaciente del escombro!
Que cada quien sea —por lo menos— artífice
                              / de su propia ruina.
Que todo se consuma al mismo precio.
Algo se levantará que no será ni tú ni yo.
Y si es la ortiga y si es la cicuta
derribarlo,
aplastarlo
hasta que salga lo desconocido.

POÉTICA

Nada sirve para nada, menos el poema:
espejo muerto de la nada.

¡Explicadme lo que quiero!
¡Explicadme lo que quiero decir
cuando escribo: Nada sirve para nada, menos el poema,
espejo muerto de la nada!

Ese menos ¿qué quiere decir?
¿quién lo trajo aquí?
Yo no fui.
El poema debía, tenía que decir:
nada sirve para nada,
espejo muerto de la nada,
pero
se interpuso el poema
y la duda extraña de ese menos
que no sé, que no sabemos
si quiere decir más o menos
y que se quedó ahí
como una piedra,
que no puedo
remover más que con un etcétera.

WILFRED POUCAS MARTOS

(1857-1909)

Poeta nacional careliano[132] no ha sido traducido nunca —que yo sepa— al español.

Estos poemas fueron escritos en 1907, a raíz de un ataque de apoplegía[133] —tenía entonces el poeta cincuenta años— que le privó de movimiento durante los nueve que todavía vivió[134].

El haberse sentido morir dulcemente imprimió a su poesía una calidad humana de la que carecen sus primeros libros, muy atados al orden simbolista.

Fue amigo de Selma Lagerlöf[135].

---

[132] *Careliano*: de Carelia, región del nordeste de Europa, que comprende zonas de Finlandia y la unión soviética; el carelio es la lengua balofinesa que se habla en ese territorio. Max Aub se confunde y prefiere la voz «careliano» que alude a un movimiento precámbrico.

[133] Apoplejía.

[134] Las fechas no coinciden, pues si vivió nueve años más después de 1907, cuando tenía cincuenta años, no pudo morir en 1909.

[135] Selma Lagerdöf (1858-1940), novelista sueca, Premio Nobel de Literatura en 1909. En su novela *Gösta Berlings Saga* sacó a la fama la escuela de párvulos que dirigía. En sus libros es patente el lirismo y el amor legendario, además de una tendencia educativa y ejemplificadora.

XII[136]

Señor, me lo diste todo
y yo no te di nada.
Todo lo que soy y he sido
—y aun lo que seré, si soy—
es tuyo.
Nada tenía,
me diste luz y canto,
me diste esposa e hijos,
me diste los libros
que leo,
me diste los libros
que escribo
porque tú lo quisiste,
y ahora que acabo
y vuelvo a ser lo que era,
nada en la nada,
lo único que quiero
es darte humildemente
las gracias.

---

[136] Publicado por la Fundación Max Aub como felicitación navideña
en 1997 dentro del restaurado *El correo de Euclides* (Periódico Conserva-
dor, nº 1. Segorbe, 31 de diciembre de 1997).

XVII

Nada tuve que valga
sino lo que generosamente me otorgaste,
si ahora me lo quitas a medias
tengo que darte las gracias
por lo que me dejas.

Pasan los días, pasarán más
y todavía los toco
—¡Oh, milagro! ¡Oh dulzura!
/¡Oh encarnación de Dios!—
Vuelve la luz a visitarme,
oigo los pájaros,
como el buen pan caliente,
huelo las flores y el campo,
el aire se reclina y mueve las hojas
/de los árboles,
veo el cielo y el correr de las nubes,
¿me pusiste aquí sólo como testigo?
¿Por qué me escogiste a mí, Señor?
No lo olvidaré nunca,
soy tu siervo agradecido.

XVIII

Tú me quieres,
yo te quiero
¿dónde hay algo más perfecto?
Todo juega y se engarza,
el morir no es nada,
perdura el recuerdo;
todos mis antepasados
viven en la luz del cielo.
Una flor azul tengo
en la mano, la veo
la huelo.
Tú me quieres,
yo te quiero.

Ahora es siempre
y al revés también es cierto:
/ yo te quiero, tú me quieres,
Punto. Circunferencia.
Rueda. Manzana. Seno.
Principio y fin redondo[137].

---

[137] Sobre todo en estos tres últimos versos es cuando este poeta imita más el estilo poético de Jorge Guillén.

XXVI

Cuando sopeso mi vida
en el cuenco de la mano,
y la veo,
no puedo creer
que está ahí
porque sí.

XXX

Dijo don Pedro:
«la vida es sueño».
¡Cómo ha de serlo
si lo dijo él, don Pedro Calderón!
¿O fuera otro el que habló?

JHON O'MULLEADY[138]

(1881-1914)

Nació en Dublín. Ardiente partidario de la independencia de su patria, murió en 1914 en Arras. Sus obras fueron publicadas en 1936.

Todo ese tiempo muerto que arrastro a las espaldas de mi memoria, como una gran red que aprisionara miles de peces de ojén —gris perla sardina nácar— todavía tremantes de la amarga agua del mar. ¡Rémora pesada que me dobla la espalda al esfuerzo del arrastre! Ir siempre adelante con el fardo cada vez mayor— quiérase o no— por el solo hecho del tiempo, ¡oh pesca involuntaria!

Adentrarse en lo que fue y ya no sirve, bosque muerto; adentrarse en el ayer, en lo que ya no es, en lo que quizá no fue. Adentrarse en la bruma, enmararse y desaparecer en las nebulosas bases de un abismo. Hundirse en la muerte pasada, amortiguado mañana, analgésico de ahora mismo. Monstruosa fuerza de la muerte, alta y enfrente. Pared de piedra seca en la que te apoyas —quieras o

---

[138] Texto repetido: todo el poema de O'Mulleady se incluye en el de Robert Richardson que figura más arriba.

no—, muro que te sostiene —quieras o no— para que puedan fusilarte en el preciso momento en que cualquiera lo ordene.

¡Oh suave viento de la muerte!

TEODORO LAVREN

(1886-1927)

Teodoro Lavren, poeta polaco, nació en Cracovia y murió en Varsovia a los cuarenta y cinco años. Me llama la atención cierto contenido fervor provinciano que, no sé exactamente por qué y salvando todas las distancias poéticas y terrestres, me recuerda a López Valverde[139]. Además, me conmueve su tristeza por su patria inexistente. No publicó ningún libro, sus poemas se imprimieron, de 1895 a 1906, en diversos periódicos y revistas.

I

Se cierra la cabeza,
y nada queda dentro,
pozo vacío en otro gran vacío.
Entonces surgen
las ganas de fumar
y la presencia de la pipa
quema la palma de la mano.

---

[139] Ramón López Valverde (1888-1921), poeta y escritor mexicano al que se deben, entre otras obras, los libros de versos *La sangre devota*, *Zozobra* y *El minutero*.

191

II

Mi madre me solía reñir
porque llegaba tarde a clase
y también
porque llegaba tarde a casa.
Yo no la reñía, en cambio,
por haberme traído tarde al mundo
y ser tan pequeño.

III

Sí, me gustan los árboles desnudos
y las mujeres bien vestidas
y la lluvia en los cristales,
los libros y la mujer de mi hermano
que cuida mi constipado
con leche caliente y huevos,
todo bien azucarado.
Es invierno, las noches son largas y frías,
la nieve es vieja,
el mundo es viejo
y casi siempre tengo sueño.
Paso las hojas de mi álbum,
las horas frente a las fotografías
de mujeres bien vestidas

y veo por la ventana
las ramas desnudas de los árboles inmóviles.

IV

Mi amigo Pedro ha venido a verme
porque estoy enfermo.
Me cuenta cuanto pasa por el pueblo.
Me intereso
por Miguel, y por Juan, y por Pedro.
La verdad es que no estoy muy enfermo.
Por la tarde vendrá Miguel
y me contará lo mismo que Pedro.

V

A veces me pongo a escribir
sin saber lo que quiero decir
nada más por ver
lo que me saco de la cabeza
y mirarlo luego
como algo desconocido.

VI

Dicen los periódicos que en Varsovia
se ha cometido un asesinato
muy sonado.
Todo lo comentan con interés,
se olvidan por completo
de otros millares de habitantes
de la ciudad que más quiero
y sólo se fijan en ese carnicero
que mató a su padre y a su hermano.
por mucho que intente comprenderlo
no puedo.
Cuando digo Varsovia
me acuerdo de su río.

VII

Cuando busco a Polonia
en los mapas
y no la encuentro
me vuelvo a mirar las nubes
que me esconden en el cielo
y todo me parece un atroz agujero.

VIII

Tengo una patria
y no la tengo.
Ahí están las piedras
y las tierras y los ríos,
las ciudades y sus habitantes,
las casas, las plazas, y las calles
y, sin embargo,
es como si no estuvieran;
les falta algo,
ese algo que hace llorar a los niños
cuando salen del claustro materno.
El campo —tan llano—, no es el campo,
ni los abedules son los árboles
que tanto quiero.
Tengo una patria
y es como si no la tuviera.
Está todo —la tierra y el cielo—
pero no la nombro.
Todo tiene el color perdido
del escombro;
todos somos viejos
nadie tiene hijos
—y si los tengo, no se llaman
como yo quiero—.
Tengo una patria
y no la tengo.

SAMUEL EBRONSOHN

(1890-1948)

Nació en Nueva York. Sionista convencido, conoció muchos sinsabores, entre otros la pérdida de la fe de sus antepasados, lo que no le hizo desistir de sus fines políticos. Establecido en Palestina desde 1928, murió siendo agricultor. Sus versos, escritos en yidish[140], no han sido recogidos en volumen y tratan problemas manidos. Según me cuentan era un hombre pequeño, con una gran barba, muy amigo de los animales y poco del agua; gran aficionado al teatro, fue en su juventud actor. No se sabe por qué no siguió esa carrera.

XIX

(11 de septiembre de 1923)

Cuando me muera, que me entierren
donde no estorbe.
Lo que importa es otra cosa.

---

[140] Yidhish o yiddhish: idioma de los judeoalemanes.

XXI

(6 de agosto de 1924)

Estoy de acuerdo
con el sufrimiento;
pecamos,
hemos pecado,
justo es que paguemos
lo que debemos.
Mas, ¿por qué sufre mi perro?,
¿qué daño está pagando?,
¿cuál fue su error primero?,
¿cuál el de sus antepasados?
Bien está que paguemos
el pecado original.
Bien está que paguemos
el ser racional,
mas él
¿por qué
tiene que pagar,
por quién?

Los ojos tristes de los animales
ese mirar cansado antes de nacer,
esa angustia
esa ansia
ese quebranto
ese no caber

ese luto inhumano
esa pupila dilatada
esa pena negra
ese ensombrecer
esa perpetua reconvención,
debes tenerlos clavados en el alma,
Gran Yahvé.

Si les haces sufrir
¿por qué no les diste la libertad
de llamarte como te cumple?

El ser hombre se hace fácil
con el correr de los años:
mas el ser animal
temo que no.
Esa desigualdad
tal vez me dé las fuerzas
cuando te vea,
para estarte mirando, frente a frente,
ojo con ojo.

VEJEZ

I

¡Qué no diera, Señor,
por indignarme, como ayer!
¡Qué no diera, Señor,
por no saber ni comprender!

II

¡Qué no diera, Señor,
porque aún ayer
en vez de indignación
me hubieras dado comprensión!

III

¡Qué no diera, Señor,
por no ser hoy
lo que fui ayer
y lo que soy!

IV

¡Ser como tú, Señor,
que todo lo puedes
y me abandonas tal como estoy
volviéndome en lo que soy!
«Ni el buscar la propia gloria es gloria». (1)

RAZÓN DE RAZONES

Si somos espectadores,
Yahvé debe tener en mucha cuenta
los aplausos y silbidos.

Mas si sólo repetimos como
buenos actores
un drama bien o mal representado,
sobran razones.

(A menos que seamos,
y sin darnos cuenta,
autores de la obra
que se representa.)

No hay sino escoger:
autor, taquillero,
espectador, cómico.
Menos empresario,
puedes serlo todo
en este bonito teatro.

(1) *Proverbios*, 25-27[141].

---

[141] La cita bíblica no coincide exactamente: «No es bueno comer demasiada miel, / ni cargar la alabanza de la gloria.» (*Proverbios*, 25, 7).

JUSTO JIMÉNEZ MARTÍNEZ DE OSTOS

(1897-?)

Académico brasileño y hombre de buen humor. Se ignora la fecha de su muerte porque, en 1956, con su salud muy quebrantada, tomó un barco, con nombre supuesto, y desembarcó en Lisboa, donde no hubo manera de dar con su rastro.

Adapto más que traduzco por razones obvias. Pido perdón. Mas no hay remedio: los idiomas, sobre todo si son de idéntica raíz, padecen ese mal; difícilmente se corresponden como no sea en las expresiones de odio. El rioplatense amaba la buena vida, muchos recuerdan cómo se le sacudían las carnes —fofas, a lo último— con sus risotadas interminables e hirientes de oír.

> Se dice onomático
> ¿por qué no homónimo?
> ¿Cuál sería lo correcto?
> La raíz es la misma.
> No son palabras vulgares
> ni tontas de remate.
> Se debiera decir
> —y escribir— ésa es otra, vale:
> homomástico u onónimo
> ¿Sí o no?

201

Eso de la lengua, la sintaxis, la filología
son la hostia
una hostia anónima antier[142]
u onómina
que es como al fin y al cabo
nos llamamos todos: nada.
Todo es hacer diferencia
de una caca a una mierda.
¡Dios salve a la lengua
y a la Academia!
—Pero, carajo, ¿por qué no
decir y escribir
onomástico? —si se dice.
—Ya no sé lo que se dice —digo.
—Nunca lo supiste.
¡Santo Diccionario bendito
acógenos en tu reino!
(Y se dice: sinonimia
y homonimia. ¿Por qué no
simonimia y onominia?)
Y escribe honomástico y omónimo
sin miedo, sin punto y, si quieren
    / que te pongan un cero
y otro cero y otro cero
que con h hacen oh, oh, oh
o
ho, ho, ho.
Cero, como yo.
Pero estaría bien con h:
yoh… yoh… yoh…

---

[142] *Antier*. Síncopa de anteayer.

una h como una silla
donde sentarse a pescar
a ver si pica
el verde pez de la muerte.

JUAN ANTONIO TIBEN

(1900-1961)

Nació en Winthertur, Suiza. Pasó su juventud en Florencia. Hombre melancólico y de mala suerte sentimental, se hizo rico con productos farmacéuticos, fortuna que perdió a manos de una famosa estrella cinematográfica, hacia 1928. Vagó luego por Roma. Dirigió algunas revistas literarias, no publicó ningún libro.

Sin duda, el lugar desierto
es la Piazza del Popolo.

1

Mirarás por el ojo del buey
las dos casas de Dios
y bajará la noche
y se levantará el día;

2

mirarás por el ojo del buey
las dos casas de Dios
y nada contará

3

sino la mirada perdida
con que te estará buscando
desde sus dos casas, Dios.

4

¡Oh dorado amarillo de las paredes de enfrente
al poniente! Dorado blanco: piedra
tan carcomida como el sol cansado.
¡Oh verde oscuro, entrada al mundo justo
por el jardín de Dios! Balaustrada
sobre la fuente de piedra blanca
y oro del sol poniente.
¡Melancolía de los tiempos idos,
sólo a medias perdidos!
Por el ojo del buey
verás las dos casas de Dios —estés donde estés—
y, quizá, el tiempo que creemos perdido.
Llorarás como yo lo que se fue,
por lo pasado(1) y el presente.

(1) Confuso, pero evidentemente se refiere al hecho y al tiempo.

GUSTAV ROSENBLUTH

(1900)

Nació en Rotterdam. Todavía vive, en un asilo de Utrecht. Fue jefe del Partido Cristiano-demócrata. Durante la invasión alemana, colaboró con los nazis, cambió a poco y fue recluido. Sigue en el manicomio, con una larga barba blanca y prejuicios de profeta. Mi amigo el doctor Happy Cesarman[143] me proporcionó el texto original como pura curiosidad clínica. G.R. ortografió los apellidos según el mismo sistema atrabiliario que adoptó. Se había doctorado en letras, en Madrid, en 1930. Este texto fue escrito en 1960. Su mujer e hijos intentan en vano que le liberen. Aducen que fueron los alienistas los que le trastornaron.

---

[143] Cuando Max Aub se dispuso a realizar la biografía de Buñuel inició unas grabaciones magnetofónicas en las que son numerosas las intervenciones del psiquiatra Cesarman. Más tarde, cuando se publicó *Conversaciones con Buñuel. Seguidas de 45 entrevistas con familiares, amigos y colaboradores del cineasta aragonés* (Madrid, Aguilar, 1985) se eliminaron las referencias a Cesarman porque, según Federico Álvarez, autor del prólogo y yerno de Max Aub, las conversaciones con Cesarman ya se habían publicado en México. Las grabaciones se pueden escuchar en el *Archivo Biblioteca Max Aub* de Segorbe.

ANATEMA DE UN CONVERSO HOLANDÉS

1. ¿Con que no erais vosotros los que matasteis al padre?

2. ¿Con que eso de la raza judía era un cuento de niños?

3. ¿Con que nosotros somos responsables de los asesinatos en masa?

4. ¿Quién oyó nunca la palabra genocidio?

5. ¡Matasteis al padre, vosotros los ateos! ¡Todos los ateos son judíos!

6. Juan Jacobo Rusó, Voltér, Dideró, el marqués de Sad, Prudóm, Marx, Lautreamón, Max Nordó, Kropotkín, Bakunín, Galdós, Jóis, Aragón, Alberti, Malró, Verdi [*Sic*], Darvin...[144]

7. ¡Los ateos! ¡Los ateos! ¡Vosotros sois los judíos verdaderos que crucificasteis a Kafka[145] y a la reina Juliana![146]

---

[144] Jean-Jacques Rousseau, Voltaire, Diderot, el marqués de Sade, Prudhom, Marx, Lautréamont, Max Nordau (seudónimo de Max Simon Südferd), Kropotkin, Bakunin, Galdós, Joyce, Aragon, Alberti, Malraux, Verdi, Darwin. Con el *sic* detrás de Verdi, Max Aub no hace otra cosa que manifestar su ironía porque es de los pocos nombres bien transcritos.

[145] Franz Kafka, novelista checo que escribió en alemán. Sin duda el más destacado del grupo judío praguense (Max Brod, Weis, Ungar, etc.). Sus obras fueron publicadas tras su muerte y entre ellas se cuentan *El proceso*, *El castillo* y *La metamorfosis*.

[146] Juliana (1909), reina holandesa, hija de la reina Guillermina y del príncipe Enrique de Meckemburgo, poseedora de notables aptitudes literarias. En su mandato concedió la independencia de Indonesia (1949) y sufrió la catástrofe de la ruptura de los diques (1953). Durante un tiempo era considerada la mujer más rica del mundo.

8. Ese Buñuel[147] del demonio, hijo del Bosco[148]; ese Picaso[149], judío del diablo…

9. ¡Esos judíos! ¡esos judíos que asuelan el mundo! ¡Hijos de Erasmo[150] y de Américo Castro[151].

9. ¡De ellos son! ¡De ellos son! ¡A ellos! ¡A ellos! No dejéis ni uno.

---

[147] Luis Buñuel, cineasta español, colaborador con Dalí en la película superrealista *Un chiên andalou* (1928). Su producción cinematográfica es extensísima y de gran interés. La amistad del cineasta con Max Aub fue muy estrecha y, entre los títulos de la obra aubiana se cuenta con el proyecto biográfico *Luis Buñuel. Novela*, publicado como *Conversaciones con Luis Buñuel.* (*Op. cit.*, nota 1); además de contar el *ABMA* con 576 cartas cruzadas entre Buñuel y Max Aub (*Leg.* 2-3). La alusión a Buñuel como «hijo del Bosco» se refiere al carácter delirante y onírico de parte de su filmografía.

[148] Jerónimo Van Aeken, el Bosco, pintor holandés precursor del naturalismo lírico y caricaturizador, favorito de Felipe de Guevara y de Felipe II, lo que explica que parte de su obra se conserve en España. Su prodigiosa fantasía le inspiró las composiciones en las que desarrolló la Pasión de Cristo y escenas hagiográficas. Su didactismo moralizador le llevó a reflejar una pintura educativa en la que el mal y el vicio generan seres monstruosos y viciosos.

[149] Pablo Ruiz Picasso (1881-1973), pintor español, maestro de varias corrientes vanguardistas por lo que es considerado un genio del arte. Max Aub, como subcomisario de la Exposición Universal de París y por orden del Gobierno español, encargó el Guernica a Picasso por 150.000 francos en 1937. Sobre la influencia de Picasso en Max Aub *Vid.* Dolores Fernández Martínez, *Tesis cit.*

[150] Desiderio Erasmo, erudito y literato del siglo XVI, nacido en Rotterdam. Su humanismo influyó notablemente entre los intelectuales de su época. Entre sus obras *destacan El elogio de la locura, Los coloquios, Los adagios, Los apotegmas* y *De copia verborum et rerum.*

[151] Américo Castro (1885-1972), filólogo español. Si se trae a colación es por su relación con el estudio del erasmismo en España en libros como *El pensamiento de Cervantes* (1925) y en varios artículos.

JULIO MONEGAL BRANDÃO

(1901-1936)

Nació en Funchal, isla de Madera. Vivió desterrado largos años en Madrid, donde murió de mala manera. Es de los pocos autores de esta antología que conocí[152]. Grande, barbón, desgalichado, delgado de hambre, pordiosero de profesión, profesor de griego.

EVA

Cuando Eva vio a Adán muerto
no le dio mucha importancia:
le miró dormido, con un sueño más largo que de ordinario,
    un sueño extraño.

Sólo cuando empezó a heder se dio
                / cuenta que algo distinto sucedía.
Aulló nombrándolo y Adán fue el primer
                  / nombre verdadero de la muerte.
(Abel fue otra cosa, murió asesinado y fue enterrado.)

---

[152] Max Aub se cita como autoridad para certificar la existencia de este autor.

Adán se descomponía y Eva esperaba
            / todavía que despertara. Cuando comprendió
clamó al cielo desesperada; con el puño lleno,
Caín le llamaba y el nombre resonaba por montes y llanos
            / desiertos dándoles vida por vez primera.

Y con una rama, fiera, se dispuso a
            / defender a su hombre de las alimañas.

CAÍN

    Caín era el mayor
por eso Abel le envidiaba.
Caín era labrador,
Abel pastor.
Caín mató a Abel sin saberlo:
antes nadie había muerto.
(Caín fue el hombre que descubrió la muerte.)

    Abel lo provocó
—Caín fue sedentario,
Abel aventurero—
Jehová se engañó
a sí mismo, por el muerto.
Caín no le replicó
como debió
haberlo hecho.

    Somos hijos de Caín
y todavía no nos atrevemos
a gritar lo que debemos decir.

ADÁN[153]

La primera vez que Adán
atravesó a Eva
creyó morir habiéndola matado.
Desesperado gritó,
—¡Amor! ¡Amor!
Conocía solamente
a la muerte
por los pregones de Dios.

---

[153] Este poema es plagio del anterior de Bertrand de Crenne (1501-1547).

LUIGI COEVO

(1902-1920)

Nació en Nápoles, a principios del siglo XX; se suicidó a los dieciocho años, en su ciudad natal. Lo que de él queda no son, quizá; más que ejercicios escolares. Fueron publicados en *Orazio*, revista romana, en 1927.

TODO LO HEMOS INVENTADO...

Todo lo hemos inventado
de la mano de Prometeo[154],
de la de Dédalo[155];
nada nos parece imposible
bajo la égida de Hércules[156]:

---

[154] Prometeo es el Dios benefactor de la humanidad por excelencia: según una tradición es Prometeo quien modeló a los hombres con arcilla, y el que enseña a su hijo Decaulión a construir una barca para librarse del diluvio que envió Zeus. La ira de Zeus castigó por ello a Prometeo ecadenándole en el monte Cáucaso, donde un águila le comía cada mañana el hígado que durante la noche le volvía a crecer. Fue Heracles -el Hércules citado más abajo- quien le liberó.

[155] Dédalo destacó como escultor y arquitecto, sobre todo durante su destierro a Creta en la corte del rey Minos.

[156] La égida (escudo) del dios latino Hércules, el Heracles griego, fue protagonista de grandes hazañas y trabajos.

si no somos dioses, merecemos serlo.
¿Qué hicieron ellos si no nacer?
Somos más, que habiendo sido paridos
desnudos,
podemos utilizar el fuego,
el aire y amaestrar la fuerza.
Somos más que los dioses,
podemos escupirles a la cara.

SÓLO EL VINO ES BUENO...

Sólo el vino es bueno,
sólo el vino da lo que se le pide, sin fallar,
sólo el vino no engaña a nadie y tarde o
                    / temprano da cuanto tiene, sin reservas;
sólo el vino es bueno, en la mejor acepción de la palabra,
sólo el vino es de fiar,
sólo el vino crea algo distinto de lo creado.

¡Dadme vino, sólo vino para que cante las
                    / alabanzas del mundo y de la vida!

Sólo el vino es igual a sí mismo,
sólo el vino me conoce,
sólo el vino me descubre el camino recto de mi laberinto,
sólo el vino me dice lo que le digo,
sólo el vino me envuelve, me cuida y me arropa.

Por donde vino voy, dulce vereda.

EL TÉRMINO

¡Que sólo yo sepa el término de mis días!
¡Quede para mi albedrío decir: hasta aquí!
Todo es bazofia y sólo yo valgo la pena.
No quiero tu carne dura y suave,
¡quédatela para quien te la pague!
Y si me llora alguien, tú, Máximo[157], por ejemplo, piensa
                              / que fue porque te quise
y no te quiero.

---

[157] Max Aub no cesa con sus bromas poéticas.

ARTHUR MADDOW

(1903-1947)

Nació en Filadelfia, murió en Casablanca (Marruecos). De excelente familia, decidió no volver a acordarse de ella al cumplir los veinte años. Vivió en Sicilia y en Túnez. Su único libro de versos se publicó en Argel, 1938. Era hombre enfermizo, de pocos amigos.

DE «DIÁLOGOS CON MI CORAZÓN»

Cuando dejes de latir dejaré de ser.
Cuando dejes de latir dejaré de pensar:
he aquí una injusticia:
tienes una superioridad que, posiblemente no mereces.
   (mis fuentes de información no me merecen confianza.)

¿Cómo quieres que crea que mi alma es inmortal
si nació contigo?
Una cosa empieza y acaba
o no empieza ni acaba
(de esto último no estoy seguro).
Lo inconcebible es que muchos (hombres) tienen la seguridad
de que su alma nace con ellos
y no acaba nunca.

(El mundo sería un inacabable fábrica de almas
y una pequeña fábrica de corazones.)
Con tu latido empecé a vivir,
contigo empecé a ser,
sin él moriré.

Todos nacemos por casualidad,
todos surgimos de un encontronazo al azar de una esquina.
Tengo alma —¡quién lo duda!—; sí, mas perecedera,
como tú, corazón.

Si está bien o mal
no es cuestión de plantear.
Es así, y (basta) ya.

Se nace por casualidad,
se vive por casualidad,
se muere por necesidad;
he aquí una injusticia sin tregua,
un monstruoso engranaje;
lates por casualidad
pero pienso de necesidad
¿qué horrenda necedad es ésta?

Amananece siempre por casualidad
(tenlo en cuenta no sólo por el día)
para el que ha de vivir,
no para el que ha de morir,
que siempre se muere por necesidad,
¿o me harás creer que algo puede nacer y no acabar?

MAX AUB

Nació en París en 1903. Aunque sale su nombre con cierta periodicidad sospechosa en los libros y revistas, no se sabé dónde está. Lo único que consta es que escribió muchas películas mexicanas carentes de interés[158]. Nada tiene que ver con su homónimo Leandro Fernández de Moratín[159].

Los que quieran ver en estas líneas una intención política: ella-España, están equivocados.

Si pudiéramos fechas estas sentencias tal vez pudiera ponerse en claro. No hay tal. Mientras tanto recomiéndase la abstención que es lo único que, con seguridad, da fruto.

I[160]

Cerrado en mí,
Cegato, mudo,

---

[158] A su llegada a México, Max Aub trabajó en una cincuentena de guiones cinematográficos.

[159] Leandro Fernández de Moratín se toma aquí como homónimo en tanto que fue hombre de teatro, traductor y exiliado. Además, Moratín, que había formado parte de la Junta para la Reforma de los Teatros, fue nombrado director de teatros en España en 1799, cargo que no aceptó, y Max Aub fue, en 1937, secretario general del Consejo Nacional de Teatro cuando este organismo era dirigido por Antonio Machado.

[160] Poema plagiado del de Bertrand de Crenne (1501-1547). El poema aparece copiado en *Actas*, I, *págs.* 90-91 y el manuscrito, con ciertas

en lo que ha sido me hundo
pagando lo que fui.

II

Eres lo que fue y será.

III

Te fuiste y fui,
nada queda de mí.

variantes, formaba parte de la exposición, celebrada en Valencia del 22 de abril al 1 de junio de 1997, titulada «Max Aub íntimo».

JEAN LOUIS CAMARD

(1916-1942)

Nació en Lieja, Bélgica, y murió en Djelfa, Argelia. Comunista, ingresó en 1936 en las Brigadas Internacionales, zapatero de oficio, nada le llevaba a las letras. Fue mi amigo en el campo de concentración de Vernet d'Ariège[161] y luego en la raya del Sahara, donde murió de los malos tratos de sus casi compatriotas. Era un muchacho rubio y sonriente, pequeño, escrupuloso y mal hablado. No había leído nada. Publico estos poemas suyos no por lo que valgan, sino en homenaje a su amistad y su recuerdo.

MARSELLA OCUPADA

Bien sabido es que el mar
huele de noche a sexo
y que el contrario no es,
por asomo, verdad.

---

[161] De nuevo se cita Max Aub como autoridad para certificar la existencia de este autor. En efecto, Max Aub estuvo en los campos de Vernet (abril, y desde mayo a noviembre de 1940), y de Djelfa (1941-1942).

Por las posibles alertas,
oscuridad.
Mil culibajas y ventripotentes
por todas partes
susurrando van a voces
sus grandes facilidades.
Ratas, cortezas, pieles
—la luz a redondeles
amarillos y azules—.
Culibajas y ventripotentes
—para mayor facilidad del hombre—
surgen por todas partes.
Las ratas corren veloces
oyéndose llamar por altavoces.

Los alemanes lo resuelven todo
apareciendo;
cuando se van
vuelve el olor del mar,
los cuchicheos
y en cada muelle esquina
una ventripotente
culibajera
meneándose perniabierta.
Sirenas.

MIDAS

Se ha callado el sol.
Lo encontré dormido

a orilla del río,
sin creer sus(1) ojos.

   —¡Oh mi rey auténtico
que todo lo ves,
sin poder, oh luz,
atenazar nada
siendo todo tuyo!
¿Qué soy o qué somos
sino tu reflejo?
Tú que lo ves todo
y a todo das vida
dime qué es tuyo.
¿Eres como yo
y como mi amor
que ve y no alcanza
dándole a mi vida
coger una nada?
Duérmete tranquilo
como yo tendido
a orilla del río,
todo el alrededor
se va volviendo oro.

(1) El manuscrito deja dudas acerca del pronombre. Es imposible que diga mis en vez de sus.

LUIS ROMAÑA

(1916-1954)

Nació en Valls y murió en Barcelona. Hijo de acaudalados comerciantes y habiendo tomado parte en la Guerra Civil, militando en el partido de Esquerra Republicana, no emigró al término de la misma, por influencia de su padre; vivió escondido unos meses y luego en Valencia, donde nadie le conocía. En 1943 publicó, en catalán, en Barcelona, *Llengües vives,* que no salió a la venta por estar entonces prohibida cualquier manifestación en ese idioma[162].

HISTORIA

Hombre es nombre masculino
hambre es femenino

---

[162] Sobre la prohibición de publicar en catalán después de la Guerra Civil, la Dictadura se encargó de suprimir, además del estatuto, el Institut d'Estudis Catalans, y creó un Instituto de Estudios Mediterráneos que sólo consideraba la difusión del castellano. Además, se ordenó retirar de las escuelas «los libros, cuadernos, impresos y trabajos de toda clase que no estén redactados en lengua castellana» (*La Vanguardia Española,* 17 de setiembre de 1939). Asimismo, se efectuó el siguiente llamamiento: «estad seguros, catalanes, que vuestro lenguaje en el uso privado y familiar no será perseguido» (Jefe de los Servicios de Ocupación de Barcelona, 27 de enero de 1939).

y de ambos nace el Mundo;
no hago más que repetirlo
por si se les ha olvidado.
También se parecen mucho:
Madre y Muerte,
pero es historia de otra suerte.

ESPEJO

¡Y cómo me encuentro en ti
desconocido de mí!
¿Qué nueva parte de mí
me revelas contrario
espejo negativo
—lo blanco negro,
lo negro blanco—
y presentido.
¿Qué busco?
¿Qué encuentro?
Ni encuentro lo que busco
(¿qué busco?)
ni busco lo que encuentro,
mas encuentro el encuentro
de mí mismo
en ti escondido, vivo
vivo redivivo
en ti,
en tu calor vivo.
Te debo la vida,
te la debo y no te la pago.

Avaro que me has hecho
de mí mismo,
espejo.

A ANTONIO MACHADO

No sé qué pensarás de tantos poemas
como te escriben
porque moriste en Colliure[163],
siendo gran poeta español;
no porque sean buenos o malos,
sino porque, tal vez,
en tu enorme bondad,
te sabrán mal
por tu hermano Manuel[164]...

---

[163] Antonio Machado murió en Colliure (Francia) en 1939.

[164] Manuel Machado. Colaborador con su hermano Antonio en algunas obras teatrales. Pese a su muy estimable dedicación literaria, es evidente que no ha alcanzado su obra la difusión de Antonio Machado.

NORMAN ALLSTOCK

(1918)

Nació en Natick, Conn. Estudió, se fue por el mundo, acabó en Hollywood, donde sigue. Publicó un libro en 1945.

De sus declaraciones en *The Observer*: «Lo más extraordinario es que los poetas creen en la perdurabilidad de su obra. Es verdaderamente emocionante y un poco ridículo darse cuenta de que suponen que, en cualquier esquina, pueden tropezar —personalmente— con algún Dios o la Muerte.

«Existe hoy una tendencia evidente a confundir la poesía con su retórica (en nuestros tiempos la poesía escueta, oscura, difícilmente inteligible). A cada momento nos preguntan si la poesía tiene o debe tener influencia política. La verdad es que una de las grandes posibilidades artísticas del hombre ha venido a menos —tal vez como la pintura o la música—: la oratoria.

«Como decía mi amigo Lartim[165], creen que lo nuevo, en poesía, vale la pena de ser leído porque representa un paso adelante; lo cual es absurdo porque entonces no debería morir uno nunca. La poesía —por serlo— es muy parecida a sí misma desde siempre; sus cambios han sido muy pocos, yo diría que imperceptibles, en cualquier idioma. La poesía no tiene que ver con la Historia, lo que depende de ésta sólo ofrece aspectos menores».

---

[165] Lartim. Sin referencia.

POEMA XX

Curioso: cuando el hombre inventa
una palabra
enseguida se halla contraria:
hermoso-feo, vida-muerte,
etc., etc.
Contra bendito surge maldito
etc., etc.
¿Será que nada existe de verdad
o que la voz(1) no sirve para nada?
Cuando toco algo suave, ¿dónde lo áspero?
ya sé: los filósofos:
lo bueno entraña lo malo
pero todo esto está fuera del hombre.
La poesía no tiene nombre.

(1) El autor emplea el plural las voces —que no respeto,
por el endecasílabo.

226

JOÃO DA SILVA BOTELHO

(1919)

De Lisboa. Vive en París dedicado al turismo.

LOS CUERNOS DE LA LUNA

El toro, plantado encima del cerro. Enhebrados en sus afilados, altísimos cuernos, once toreros muertos; en uno, cinco; en otro, seis; doblados por la cintura.

Negro, quieto, estampa vengadora recortada en la luz nácar de la noche, los verdes sin color; los ocres sí, camino de violetas. Malva la línea desteñida del horizonte. (Gris nunca dice lo que quiere decir.)

Brama el toro. Un torero, el tercero ensartado en el cuerno derecho, se dobla más; ligero movimiento de la muerte.

Abajo, la tierra partida deja al descubierto su complicado mecanismo de relojería, de acero y cobre. Todo se engrana a la perfección, silenciosamente; una rueda en otra, diente por diente, moviendo estrellas y soles.

Un marino ciego, sentado, aburrido, vigila la maquinaria con el oído.

El toro da un paso. La sangre escurre por la cepa de sus cuernos; cae, gota a gota del belfo en la yerba rala, seca, del cerro.

Surge el tañido lejano, ligeramente agrio, de una flauta. El horizonte se aclara pausadísimamente. El toro vuelve a mugir. Los toreros se hunden unos centímetros más.

El animal mira el horizonte en espera de los cuernos de la luna.

El duelo será a muerte.

ROBERT LINSAY HOLT

(1924-1948)

Nació en Columbus, Ohio. Destacado en Alemania, entre las tropas de ocupación; se suicidó en Frankfurt am Main.

VI

¿No has oído nunca
en la madrugada
el largo lamento
de las máquinas,
el tristísimo lamento de las locomotoras,
el penetrante lamento del silbato de las fábricas,
esas válvulas de escape
del hierro y del aluminio?

¡Qué fácil es decir:
la era de las máquinas,
la era atómica, como si el acero,
como si el hierro,
no tuvieran nada qué decir!
Como si los metales
fuesen menos que los árboles

y la entraña de la tierra
tuviese que estar satisfecha
de ser sólo materia.

Los señoritos
se acuestan ahora
mucho más tarde:
ignoran la noche
desde la caída del agua
y ya no oyen, en la madrugada,
el ulular
de las máquinas
fatigadas.
¡Ay, agudo aviso desazonado de la muerte de la
  / noche, fofa y enorme,
de la que no hay manera de desenredarse!

Cada mañana, sube a la superficie
gris del amanecer
el enorme, fofo cadáver de la noche;
lívido surge, a la faz del agua
estancada,
rodado en la sucia orilla de la playa del día.

Negras algas lo atan todavía a la noche.
Un día es siempre
un día más
asesinado, en la oscura frontera,
olvidado en la boca de la ría.

Los únicos que lo saben
son el acero y el aluminio.
¿O es que nunca has oído

el trágico mugir ululante
de las locomotoras o de las fábricas
antes de que empiece a flotar,
muerta,
con los ojos vidriosos,
                        la madrugada?

MICHAEL MCGULEEN

(1941-1964)

Nació en San Francisco, California, se suicidó en Mico-
nos (Grecia). Publicó un par de librillos que no carecen de
interés, en 1960. Viajó mucho en su corta vida; comió poco; bebió y habló mucho, pintó, grabó, hizo cerámica, se
cortó poco el pelo y se vistió de cualquier manera. Vivió de
becas y de la condescendencia de algunos amigos.

Los norteamericanos
construyen celdas(1)
también los rusos,
los checos y los turcos
(los chinos las construyen a millares).
Los franceses y los ingleses
las reconstruyen,
los alemanes las disfrazan
para que quepan más.

Dinamitan las islas
por pequeñas e inservibles.
Los beatniks[166] dicen lo primero

---

[166] Nombre con que un periodista norteamericano bautizó en 1958 a
un fenómeno peculiar de esa época, que ha pasado a nombrar al individuo

que les pasa por la cabeza.
Ginsberg[166] fuma mariguana.

Mientras se eleva sobre el mundo
el gran lamento negro del jazz.

(1) Traduzco celdas en su acepción de convento, células,
calabozo, nicho, cavidad, alvéolo, mejor que celdilla que co-
rrespondería a la acepción de palabra inglesa.

---

perteneciente a una subcultura y que, ya en su adolescencia, se considera de-
sarraigado de la sociedad; tras abandonar a su familia y el orden establecido
por el medio social en que vive, lleva una vida errabunda, sólo dirigida por
ideales místicos y por relaciones espontáneas con otros individuos de igual
o semejante ideología. El movimiento hippie de los años sesenta hizo retro-
ceder terreno a los beatnicks. Isabel Allende, en su novela *El plan infinito*
(1991) recrea este movimiento y sus consecuencias en algunos párrafos: «En
torno a la Universidad los herederos de los *beatniks* se habían tomado las
calles con sus melenas, barbas y patillas, flores, collares, túnicas de la India,
bluyines pintarrajeados y sandalias de fraile. El olor de la marihuana se mez-
claba con el del tráfico, incienso, café y oleadas de especias de las cocinerías
orientales. En la Universidad todavía se utilizaba el pelo corto y la ropa con-
vencional, pero creo que ya se vislumbraban los cambios que un par de años
más tarde acabarían con esa prudente monotonía. En los jardines los estu-
diantes se quitaban los zapatos y las camisas para tomar sol, como anticipo
de la época cercana en que hombres y mujeres se desnudarían por completo festejando la revolución del amor comunitario. *Jóvenes para siempre*, decía el graffiti de un muro». (Barcelona, RBA, 1997, *pág.* 117).
[166] Allen Ginsberg (Peterson, New Jersey, 1926-Manhattan, Nueva
York, 1996) poeta estadounidense, iniciado dentro del movimiento beat.
En su obra, reflejo de un claro malestar frente a la realidad, cabe desta-
car *Howl and Other Poems* (1956), y *Reality Sandwiches* (1963).

ÍNDICE